CONTENI

DEDICADO A

Mi familia, por darme la capacidad de escribir,
y a una mujer, por darme la inspiración para escribir

A la sombra del Che

Un viaje en motocicleta por el espacio, el tiempo, la vida y el amor

MAUKTIK KULKARNI

A la sombra del Che

Un viaje en motocicleta por el espacio, el tiempo, la vida y el amor

Todos los personajes, eventos, lugares, organizaciones, y diálogos que aparecen en este libro se basan en hechos reales. Los nombres de los personajes han sido modificados para proteger sus identidades. Los Mapas de los recorridos de Calama a Tocopilla, Tocopilla a Antofagasta, La Serena a San Juan, San Juan a Córdoba, y Córdoba a San Luis son aproximaciones cercanas a las rutas actuales. Las restantes rutas en los mapas son precisas (Fuente: http://www.mapresources.com).

PRÓLOGO

Las reflexiones de un joven científico que explora en motocicleta el encanto de la ruta del Che y se descubre a sí mismo.

Diarios de motocicleta: notas de viaje, que aparece publicado póstumamente en 1993, relata el viaje emprendieran en 1952, el Che y de su amigo Alberto Granado desde Buenos Aires hasta Miami. El viaje se considera un rito de iniciación en la formación ideológica de Ernesto Guevara que se había criado en la afluencia de su familia. Las meditaciones, como la ordenaron editores muchos años después de su muerte, emplean una estructura de la trama que permite ver la evolución de un inocente joven estudiante de medicina en una persona que cuestiona las injusticias sociales existentes en los lugares por los que viaja con su motocicleta. Su texto describe la belleza del paisaje a la par de las desigualdades económicas. La historia inspiró al director brasileño Walter Salles a llevar la historia a la pantalla en su magistral película homónima estrenada en el 2004. En otro eslabón de la cadena la película influyó a Mauktik Kulkarni, entonces estudiante de postgrado en Universidad John Hopkins, a que se fijara la meta de seguir recorrer el mismo camino que el Che, por supuesto en motocicleta. Kulkarni esperó a concluir sus estudios de doctorado y dedicó seis semanas de su vida a la monumental aventura de recorrer en moto la famosa ruta. El presente libro *A la sombra del Che: Un viaje en motocicleta por el espacio, el tiempo, la vida y el amor* (aparecido originalmente en 2009 bajo el título de *A Ghost of Che: A Motorcycle Ride Through Space, Time, Life and Love*).

El libro combina la técnica de la narrativa sin ficción dependiendo de los comentarios introspectivos del narrador/protagonista, obviamente el mismo Mauktik, para desarrollar una historia que se cuenta cronológicamente pero que depende grandemente de vistazos retrospectivos que nos permiten ir descubriendo al personaje principal de la historia. Percibimos cómo el Mauktik reproducido en las páginas de la novela va descubriendo un mundo que geográficamente le resulta nuevo pero que igualmente le recuerda la India en que creció. Gran parte del libro nos permite acercarnos al interior de Mauktik mientras observa, medita, saca conclusiones y más que nada comentar sobre las similitudes de los mundos en que ha vivido hasta entonces.

Precisamente, allí radica lo novedoso y notable del texto porque nos permite acceso a ese individuo que a medida que recorre el desierto, los Andes, Perú, Chile y Argentina, se va familiarizando más con las personas con los que se encuentra. Cada vez hace comentarios sobre la condición humana, la injusticia de la distribución de la riqueza, el gozo de vivir sin metas a largo plazo y la satisfacción de la gratificación inmediata. Por ejemplo, a menudo le sorprende la facilidad con que las personas se relacionan entre sí aun después de conocerse por relativamente muy corto tiempo y cómo se añoran y se alimentan de la nostalgia. Sobresale el que la cronología de la novela nos permite presenciar cómo Mauktik va aprendiendo de sí mismo a lo largo del viaje. Uno continúa la historia para aprender de las reflexiones del personaje principal de esta historia y de su desarrollo emocional. Una de las secciones más relevantes, no por coincidencia la más extensa, representa el capítulo trece, titulado "Perdiendo nuestras religiones," en donde el narrador nos invita a sus meditaciones sobre su propio proceso de conversión espiritual en donde aprendemos sobre la teología hindú, el rol de la ciencia en su presente estado en lo que se podría leer como un tratado breve de una de las religiones más importantes de la India.

Kulkarni provee observaciones típicas de exploradores que presentan un mundo en que se contrasta y compara el mundo que se percibe con los lugares de donde vinieron. Jamás se lo hace con el intento de criticar sino con el afán de compartir lo que se observa. Kulkarni se adapta con comodidad a cada situación con la que se enfrenta lo que le permite acercarse mucho a las personas que conoce y por quien desarrolla un contacto que perdura. Al leer, nos enteramos de su agradecimiento genuino por haber tenido la oportunidad de interactuar con la mayoría de ellos que le ayudaron a pesar de, o a consecuencia, de ser un forastero en un mundo completamente remoto a los de dónde proviene.

La manera de contar emula el método de los cronistas que al inicio de sus narraciones cuentan cronológicamente usando su perspectiva de forasteros completamente ajenos al mundo que encuentran y van descubriendo. Pero que eventualmente cambian a medida que se compenetran en la cultura y empiezan a sentirse o a formar parte de ella. Kulkarni resalta como un completo extranjero que llega con la esperanza de recorrer distancias con la celeridad que se espera de una persona acostumbrada a transitar las carreteras de países desarrollados en donde se puede sin dificultad calcular el tiempo que tomará transitar cierto número de kilómetros. El narrador llega a el Perú e inmediatamente descubre que tendrá que re-calcular sus cuidadosos planes porque el realidad de América Latina, en todos los sentidos, dista grandemente, de la percepción de la misma cuando la realiza una persona que habita en los Estados Unidos, aunque proceda de la India.

El texto se beneficia mucho del entrenamiento académico del narrador, con títulos en ingeniería, bio-física y neurociencia porque le permite una atención detallada al detalle. A menudo, se describe el paisaje, el estado de ánimo del narrador y el de las personas que habitan el mundo que visita. Este detalle nos permite acceso a los seres que habitan el paisaje maravilloso de los Andes o el desierto. Los percibimos como seres reales de carne y hueso llenos de sueños, ideas, vicisitudes. El calor humano del área afectan tanto a Kulkarni que constantemente menciona como la vida entre los moradores de esta área del mundo le ayuda a sentirse vivo o a vivir:

"Y ahora, estaba este solitario viaje por carretera. Habiendo pasado veintiocho años adquiriendo títulos, había aprendido un montón sobre cómo las máquinas y el cerebro funcionan. ¿Pero cómo funciona la vida? Tomando un descanso de mi vida robótica era ayudarme a entenderla. Era mi evolución personal. Como el proceso azaroso de las mutaciones llevando a las especies a ser más fuertes, más rápidas, y más inteligentes, mi búsqueda sin ayuda y chocar contra extraños era ayudarme a convertirme un ser humano mejor. (41, en la versión en inglés)". El libro se convierte en un relato de historias de amistad basadas en actos de altruismo. Personas que probablemente nunca se verán de nuevo se ayudan mutuamente sin esperar otra recompensa que el hecho de servir al prójimo.

El libro sirve como un estudio cultural-antropológico que nos permite acceso a la perspectiva de una persona procedente de una cultura dispar a la de América Latina, una visión no-norteamericana de nuestra gente y nuestras costumbres. Resulta fascinante que el narrador no hable el idioma español con fluidez; un lector que domine los dos idiomas rápidamente notará los errores lingüísticos. Sin embargo, inmediatamente uno reconoce que el valor y propósito del libro radica en motivos que se extienden mucho más de las convenciones lingüísticas. *A Ghost of Che* explora la condición humana, relata cómo un narrador viaja miles de kilómetros en búsqueda de lo desconocido y se descubre a sí mismo; en el proceso descubre la bondad de la condición humana. Probablemente, el mejor tributo que le pueda hacer al libro sea mencionar que un lector querrá embarcarse en un viaje similar al terminar de leerlo.

Manuel F. Medina, PhD
Universidad de Louisville, Estados Unidos
Editor

INTRODUCCIÓN

Se dice que cada vida es un libro. Simplemente está sentado en el fondo de un océano profundo llamado El Bloqueo del Escritor. Toma mucha inspiración el sumergirse y un montón de arduo trabajo el extraer aquel libro. Para algunos, la inspiración viene en la forma de un evento que les cambia la vida, que les hace tirarse a sí mismos desde un acantilado y entrar en el océano. Para otros, viene en la forma de una serie de experiencias únicas y peculiares mientras caminan a través de sus vidas. La felicidad, simpatía, tristeza, éxtasis, o soledad evocada por aquellas experiencias les hace sumergir sus pies en el océano. Y antes de que ellos lo sepan, se han lanzado hacia el fondo del océano.

En mi caso, la inspiración vino de los dos. La idea de escribir un libro nunca me fue ajena o inusual. Cuando era niño creciendo en un pueblo chico de la India, siempre supe que escribiría un libro sobre algo. Mientras no hubo nada particularmente interesante acerca de mi niñez de clase media en la India, escribir era como comer, dormir, y respirar. Tarde o temprano iba a suceder.

La inspiración empezó a atraparme cuando me alejé de mi hogar. Mirando hacia atrás, no creo que hubiese un plan elaborado para hallar la inspiración. No fue el resultado de un curso creativo de cómo escribir. Si de algo servía, me la pasé escribiendo durante los cuatro años de la Universidad, y a veces copiando, los áridos documentos técnicos y reportes. Tampoco fue la culminación de largas lecturas. Más allá de los libros de textos y revistas científicas, mi experiencia leyendo se limita a menos de cincuenta libros. Simplemente las cosas regulares: un poco de novelas de misterio, algunas biografías, algunos diarios de viajes, y unos pocos libros de historia. No Shakespeare. No Mark Twain, No Jane Austen. No Aristóteles. No Platón. No Kant. No Chomsky. Más bien la inspiración me vino del mudarme a una ciudad grande para ir a la Universidad. El pararme sobre mis propios pies. Poniéndome metas a mí mismo. Motivándome a mí mismo. Llegando a ser independiente.

Entonces vino el choque cultural de mudarme a los Estados Unidos. Como un típico inmigrante de la India en mi camino a convertirme en sobre-educado, pensaba que un doctorado era una panacea. Pensaba que tendría un buen trabajo, una carrera estable, y todo aquel jazz. Pero la experiencia de la universidad terminó abriéndome los ojos, en más de una forma. La neurociencia empezó abriendo los ojos de mi mente hacia la realidad de mi propia mente—mi conducta, mis hábitos, mis sentimientos, y mi percepción del mundo a mi alrededor. Fue interesante aprender como aquel pequeño órgano llamado cerebro nos ayudaba a lograr aquellas hazañas maravillosas que parecen triviales. Me dio un paradigma completamente nuevo para comprender y relacionarme con la vida a mi alrededor.

Mis conflictos con la cultura estadounidense me condujeron a un cambio enorme en mi mentalidad de clase media de la India. Conociendo gente de todas partes del mundo me dio la oportunidad de apreciar sus formas de vida. Lanzándome a mí mismo desde el acantilado enamorándome de una completa extraña me hizo cuestionarme mis propias creencias. Y una herida monstruosa al practicar deportes me hizo enfrentar con la realidad de que la vida es muy corta. Después de fracturarme el brazo en un partido de fútbol sin importancia, me encontré a mí mismo yaciendo en una cama de hospital, contemplando la cirugía. El cirujano entró unos minutos antes de la cirugía y empezó a explicarme la intervención que planeaba. Era una cirugía de rutina. Pero, habiendo pasado mi infancia en la India, tenía la imagen mental de un doctor como un tipo compasivo que te trataba de consolar y aliviar tus ansiedades—no alguien leyéndote los derechos del paciente! Así que, cuando vi su rostro de madera y escuché su voz inexpresiva, "Existe un 1-2 por ciento de probabilidad de muerte bajo la influencia de la anestesia general," fue un despertar crudo para mí. La lista estaba preparada cuando me desperté después de la cirugía: amar, una recorrida en motocicleta a través de Sudamérica, y un libro.

El amor terminó siendo una experiencia agridulce. No hay nada inusual sobre él. Me había decidido a colgar un cartel que rezaba Trabajo en Progreso enfrente de la puerta y adaptarme a él. Mi recorrida en motocicleta solo a través de Sudamérica, inspirada por la película *Diario de Motocicleta*, fue un gran éxito. Lo que empezó como una recorrida solitaria a través de carreteras secundarias del Perú lentamente se convirtió en un abrazo cauteloso de la cultura de América del Sur. Mis encuentros con un mecánico de motocicletas chileno, un artista argentino en dificultades, una trabajadora social alemana, y un montón de peruanos generosos me abrieron los ojos a una realidad completamente nueva de la vida. El viaje me dio una oportunidad de tomarme un recreo de mi viaje de vida y experimentar una nueva manera de existir. Me ayudó a retroceder, apreciar lo que tenía, y a olvidarme de lo que carecía.

Mi recorrida solitaria en motocicleta a través de Sudamérica también me dio una oportunidad para contemplar el legado del Che Guevara. Más de cuatro décadas después de su asesinato, todas las ideologías se han desmoronado bajo su propio peso. El comunismo soviético, el socialismo europeo, y el capitalismo estadunidense todos han demostrado su fuerzas y flaquezas, conduciendo a todos los otros países a trazar su propios cursos hacia la salvación. No obstante, aun en esta era del individualismo nacional, el amor y la compasión parecen ser ingredientes claves para el desarrollo social y económico. Mi viaje me dio una oportunidad para renovar aquel lazo humano del amor y la compasión. Sobre todo, fue una travesía hermosa. ¡Tuve el tiempo de mi vida!

Regresé a los Estados Unidos armado con quinientas fotografías del viaje. Para alguien que nunca había poseído una cámara y que no se aficiona de mirar las fotografías de otra gente, quinientas fotos eran una enorme carga. Escribir un libro que acompañara las fotos simplemente tenía sentido. Después de torturar a mis tíos con aquellas fotografías, les expresé mi deseo de escribir un libro acerca de mi viaje. Mi tía se alegró por la idea.

Mi mudanza a Louisville para unirme a una compañía pequeña en desarrollo me dio la soledad necesaria para escribir un libro. Tenía un trabajo nuevo, una ciudad nueva, pero no a un compañero de habitación, ni amigos. Era el momento para empezar—más bien, era el tiempo para que los dedos impactaran el teclado. Solo había un problema. Había sido un animal social toda mi vida, y me era imposible imaginar una vida sin amigos. Perdiendo mis noches sentado enfrente de una computadora fue un pensamiento aterrador. Pero ese el tiempo en que el apoyo constante, estimulación, y seguimientos de mi tía, salvaron el día. Su implacabilidad me ayudó a pasar por las agua crudas del "Bloqueo del Escritor" y llegar al fondo del océano. Cuando el primer borrador estuvo listo, mi amigo Paul Fitzgerald fue lo suficientemente amable para revisarlo y darme sus comentarios. Como él era un autor que publicaba y no un miembro de mi familia, su apoyo me hizo pensar seriamente acerca de publicarlo.

Este libro es el producto de un sin número de horas pasadas mirando a una pantalla blanca de computadora sin escribir una sola palabra. ¿Recorrido de motocicleta? Chequeado. ¿Escribir un libro? Chequeado. De regreso al amor.

UNO
ARRANCAN LOS MOTORES

Advertencias de tornado. Alarmas severas acerca del clima. Sirenas. Me estaba preparando para otro vuelo demorado o cancelado, otro capítulo en mi relación amor-odio con las aerolíneas y los aeropuertos. Tanto como los odio, las aerolíneas y los aeropuertos disfrutan mi presencia. Un vuelo doméstico de dos horas se transforma en un asunto de noche entera cuando estoy a bordo. Y esto ha sido un vuelo internacional. Mi itinerario de vuelo tenía paradas en Atlanta y Lima. Sin demoras, ¡por favor!

Tiré mi mochila en el portaequipaje del auto. Escogí Sudamérica para Mochileros de la editorial Lonely Planet y un libro de frases en inglés-español de una librería local, y me fui para el aeropuerto. Llamadas telefónicas de adioses cortos a dos amigos que se transformaron en conversaciones de media hora. "Espero que te mueras en algún lugar de Sudamérica y nunca regreses", me dijo uno de ellos. Me hizo pensar acerca de la misión en la que me estaba embarcando. Después de todo había esperado tres años por este día. Incluso el director de Diarios de motocicleta debe haber pensado "¡Diablos!, me gustaría ser aquel muchacho conduciendo su motocicleta" después de la primera escena de la película.

Tres países en cuarenta días. Armado con una tienda, una bolsa de dormir, cinco camisetas, dos pantalones de mezclilla, una chaqueta, quince barras de energía, una botella de agua, un teléfono celular, dos tarjetas de crédito, mi pasaporte, y el lenguaje de señas, llegaba al aeropuerto. Para variar, el vuelo no se demoró. ¡Camino de ida! Me abroché el cinturón de seguridad y abrí la sección acerca del Perú en la guía de viajes. Era mi primer viaje a Sudamérica. Carecía de experiencia andando o arreglando mi motocicleta de 400cc. Mi vocabulario en español consistía de diez palabras. Un amigo chileno me había advertido muchas veces acerca de atracos, robos, y saqueos en los países de América del Sur. Había aprendido que estaba a punto de pasar por el desierto más seco de la tierra. No me hubiese sorprendido si no hubiera regresado. Pero ¿cuántas veces uno tiene una oportunidad así? – sin obligaciones familiares, sin cuentas pendientes, un futuro asegurado. Yo estaba listo para la prueba de fuego.

Tenía planeados los primeros días de mi viaje, de Cuzco a Puno, y de Puno a Moquegua o Tacna. Eso era todo. Tenía una motocicleta, mi tienda, y una bolsa de dormir en caso de emergencia. La AUSENCIA de planes era mi plan. Qué el camino me guiara.

Había pensado en llamar a mis hermanos desde el aeropuerto de Atlanta, pero decidí no hacerlo. Me apegué a mi libreto original, contándole a mi familia sobre mi plan después que llegase al Perú. Cerca de la medianoche aterrizamos en Lima. Dormí en una de las salas de espera en el aeropuerto, y abordé el primer vuelo de Lima a Cuzco. Eso fue como a las cinco de la mañana.

Llegué a Cuzco como a las 6:30. Dos muchachos de la agencia que alquilaba las motocicletas estaban esperándome en el aeropuerto. Conducimos de regreso a la agencia de alquiler sobre motocicletas de 250cc. Estaba conduciendo una de ellas después de casi tres años. Y ello me estaba re-asegurando de que nuestros cerebros no olvidan la destreza de conducir motocicletas.

La agencia de alquiler estaba ubicada en el corazón de la ciudad, cerca de la Plaza de Armas. Llené las formas y las entregué. Luego esperé que el muchacho de la agencia de alquiler regresara de la oficina del escribano y que me diera los documentos para cruzar la frontera. ¡Aquí empezó la primera parte de las malas noticias! Había alguna especie de paro en la región de Cuzco.

Si había entendido correctamente, y eso fue un gran si, el gobierno peruano se había propuesto a permitir a los agentes de viaje guiar desde Lima hasta Machu Picchu. Los agentes de la región de Cuzco obviamente no estaban felices con ello. Pensaban que los agentes de viaje de Lima estaban por robarles sus negocios. Así es que los agentes de Cuzco decidieron expresar su enojo bloqueando todas las rutas que salen desde Cuzco. Incluso forzaron a que todas las oficinas gubernamentales cerraran sus puertas. No había forma de conseguir que los documentos fuesen legalizados aquel día. Esto no parecía un buen comienzo.

El paro había detenido a la ciudad entera. Todo lo que yo pude hacer aquel día fue tomar fotografías del enojo de los cuzqueños y visitar una ciudad vecina llamada Sacsayhuamán, el lugar de la última batalla entre españoles e incas. Era un lugar hermoso con paredes cuidadosamente edificadas con piedras. Era verdad que nada, ni siquiera el aire, podía pasar a través de los orificios entre dos piedras. Las paredes imponentes, las pasarelas alineadas con puertas bien edificadas, los pasadizos subterráneos—es impresionante para una estructura de quinientos a seiscientos años de antigüedad. Y ya cuando las intricadas telarañas de paredes, pasadizos, puertas, y escaleras comienza a ser monótona, una de las puertas te muestra el valle entero de Cuzco.

Es una ciudad enorme que fue destruida durante la conquista española. Los peruanos la han re-edificado. Pero, aun así, se siente como que ya fue re-edificado sin ningún planeamiento serio. Son solo bloques y bloques de jungla de concreto con antiguas plazas grandes. Perdido en el sofocamiento del concreto, es posible escuchar las ancestrales plazas gritando, "¡No me toques!"

Cuando empecé a conducir alrededor de la ciudad, me di cuenta de que las otras rutas tenían barricadas. Pase algún tiempo en la plaza central y regrese a la agencia. Un muchacho joven en la agencia se ofreció a llevarme a un hostal barato cerca de allí. Mientras caminábamos, me empezó a preguntar todo tipo de cosas en español. Abrí la sección de traducción inglés-español de mi libro de frases y se lo aproximé. El muchacho solo quería conocer cosas básicas: mi nacionalidad, mi edad, mi trabajo. Mi nacionalidad y edad fueron fáciles. Había leído sobre ello durante el vuelo. Pero ¿mi trabajo? ¿Cómo se dice "neuroscience" en español? Mis esfuerzos duraron un minuto, o quizás dos. Adivino que "estudiante" fue suficiente para él.

Tenía avidez por aprender inglés, y yo quería aprender cómo hacer preguntas simples en español. Así que empecé a preguntarle que hacía, si había asistido a la universidad, y cómo hacer aquellas preguntas en español. Me dio las traducciones y empezamos a hablar sobre él. Me dijo que podía sobrevivir con el dinero que ganaba arreglando motocicletas, como personal de escritorio, y ayudando a los turistas. Un título universitario no era del todo importante para él. Me pregunté si el muchacho sería realmente feliz con lo que hacía. ¿Acaso se vio forzado a trabajar allí debido a las obligaciones económicas? Desee saber español.

El muchacho me dejo en el hostal y desapareció en las callejuelas de Cuzco. Desempaqué, me di una ducha, y comencé a meter palabras en español en mi poco cooperativo cerebro. Había sido una larga jornada. Y los asientos del aeropuerto de Lima eran asientos, no futones o camas. Quería dormir la siesta, pero mi adrenalina no me iba a dejar hacerlo. Millones de pensamientos cruzaron por mi mente. Cada día sería una aventura. No tenía idea de qué esperar. El idioma iba a ser una responsabilidad. Mis cinco, o quizás aún mis seis, sentidos iban a ser más importantes que mi habilidad para hablar. Iba a ser divertido.

Me di por vencido con los patéticos intentos de dormir. De todos modos, ya era hora de la cena. Caminé hacia un restaurante cercano, y le pregunté a la chica acerca de las delicias peruanas. "Cuy", dijo enfáticamente. El pensamiento de comer un cuy me incomodó. No tenía intenciones de matar otra de esas pobres almas. Había pasado cada día de mi año anterior despertando y disculpándome con aquellas ratas de laboratorio antes de sacrificarlas en nombre de la ciencia. Como estudiante de doctorado, tienes que hacer lo que tienes que hacer. Pero yo no quería matar otro cuy para mi cena. Pero entonces, ¿por qué no me sentí incómodo ordenando el pollo?

* * *

Con el notario tomándose su tiempo para firmar mis papeles para cruzar la frontera, debía esperar hasta las once del día siguiente para salir de Cuzco. Llegué a Puno justo antes de las cinco de la tarde. Moquegua estaba a otros doscientos kilómetros. Los días de verano eran largos, con la luz del sol hasta las ocho u ocho y treinta. Mi velocidad promedio era de setenta a ochenta kilómetros por hora. Sería posible llegar a Moquegua antes del oscurecer. Llené mi sediento tanque y decidí apurarme. Una vuelta errónea y, dentro de un par de horas, yo estaría sobre la carretera de tierra. Otra media hora y la oscuridad se uniría a la vacía ruta de tierra. Otros quince minutos y el riachuelo corriendo a través de la carretera me haría utilizar mis frenos. Casi podía escuchar la corriente riéndose de mi cuando yo peleaba por proteger la motocicleta de una caída.

Estaba en la mitad de los Andes, a entre treinta y siete mil y cuarenta mil metros sobre el nivel del mar, en una noche fría—en una carretera de tierra, sin alumbrado de calle, y una pesada motocicleta aún más pesada por el peso de la mochila que me observaba fija. ¿Qué haría? Estaba despistado—aturdido y confundido. Después de esperar de diez a quince minutos, estaba preparándome para acampar a un lado de la carretera. Por suerte, los peruanos tenían otros planes para mí.

Una serie de luces delanteras rompió la oscuridad. Suspiré aliviado. Con quince personas y sus equipajes adentro, una minivan iba saltando en su camino hacia Puno. Empecé a hacerle señas a la van cuando se aproximaba al riachuelo. El conductor cruzo el riachuelo, bajo la velocidad, saco su cabeza por la ventanilla y dijo algo en español. Saqué mi diccionario, pero no pude ver una palabra. Todo lo que pude decir cuando ellos pararon fue, "Por favor, me ayudáis". Ayuda es una de las primeras palabras que yo había leído cuando estaba en el hostal. Los tres hombres sentados en los asientos delantero salieron de la van, me ayudaron a levantar la motocicleta, y comenzaron a bombardearme con todo tipo de preguntas. No podía decir si estaban hablando español. Después que ellos se dieron cuenta de que no había entendido una palabra, empezaron todo el proceso de nuevo. Cuando les dije que estaba tratando de llegar a Moquegua yo pude ver la mirada de "otro gringo estúpido" en sus caras. Me dijeron que podía regresar a Puno, lo cual tomaría otras tres horas, o conducir otra media hora y llegar a un pueblito de por allí. Podría haber sido más seguro volver con ellos a Puno. Pero todo mi plan era muy ambicioso. Quería llegar al punto más austral y regresar. No tenía sentido dar la vuelta. Decidí continuar por otra media hora y pasar la noche en el pueblito.

Llegué al pueblo justo a las ocho. Era una villa de menos de cincuenta pobladores, con camino de tierra y diez casas a cada lado de la carretera. Vi a una pareja caminando a un lado de la carretera y les pregunté si había un hostal en la villa. Me dijeron que no había nada parecido en la villa. Me señalaron la única estructura concreta en la villa. Yo alcancé a ver una pequeña luz iluminando su porche de enfrente. La pareja me dijo que fuera allí.

La gente de la casa salió antes de que llegara al porche de entrada. Adivino que no pudieron ocultar su curiosidad. Utilicé todo mi conocimiento del español para decirles que era de La India, que quería ir a Moquegua, y que estaba buscando un sitio para pasar la noche. Ellos se arrimaron y empezaron a discutir en español. Después de algunos minutos, uno de ellos notó la ansiedad en mi cara. Parece que él era el único que sabía algunas palabras en inglés. "No problema, no worry", me dijo en su inglés precario. Después de un poco más de discusión con la otra gente en la casa, me condujo a un edificio adyacente. Me ayudó a estacionar la motocicleta en el pasillo y me mostró la habitación que me habían asignado. Parecía una habitación de hospital. Había una cama, un tubo de oxígeno, una mesa de examinación, y un par de gráficos sobre salud neonatal y cuidado dental. La gente que conocí en la calle me trajo un par de cobijas. El hombre que conocía algunas palabras del inglés abandono el inglés y empezó a usar lenguaje de señas. Me dijo que no había electricidad en el pueblo después de las nueve de la noche. ¡No se preocupe, señor! ¡Como usted diga!

Le pregunté si podía conseguir comida en algún lugar del pueblo. No había restaurante en el pueblo. Pero ellos me trajeron un trozo de pan y una taza de té caliente para mí. Aquello, barras de energía, y agua fueron mi primera cena fuera de Cuzco—una cena para recordar.

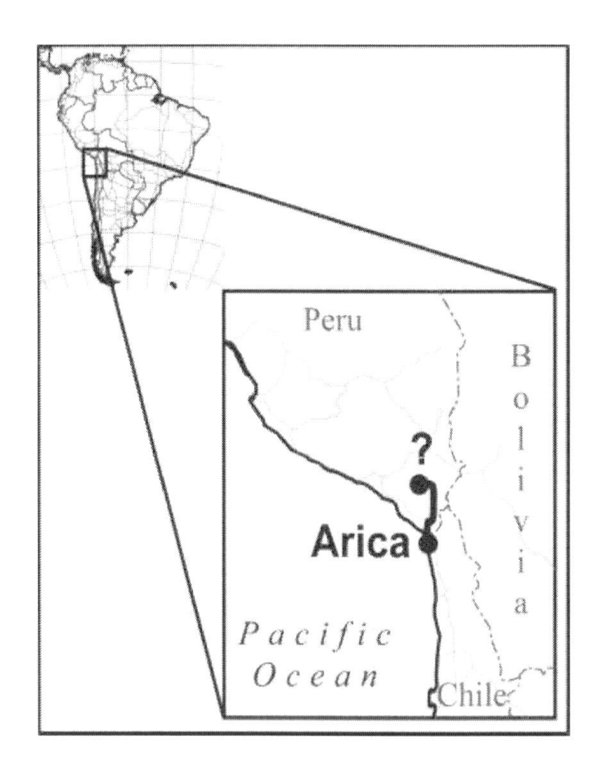

DOS
DEL CIELO AL INFIERNO, Y DE REGRESO A LA TIERRA

Me desperté al día siguiente y caminé alrededor del edificio. Quería saber dónde demonios estaba y quién era aquella gente. Parecía que era un centro de primeros auxilios. Me llevaron a la cocina detrás del edificio y me dieron una taza de leche con algo empalagoso en el fondo. Me senté con el muchacho que sabía algunas palabras en inglés y abrí mi libro de frases inglés-español. Mientras estaba hojeándolo para encontrar las secciones de conversaciones, el muchacho repentinamente sintió la necesidad de agregar más palabras a mi vocabulario. Empezó apuntando hacia la carne que colgaba del techo. Pollo. Carne. Pescado. Cosas sobre la alacena. Pan. Sal. Azúcar. Demonios, tengo que aprender cómo decir "Más despacio, por favor".

Su niño vino corriendo desde algún lugar y se escondió detrás de la silla. El hombre era un dentista de Tacna. Me dijo que visitaba el pueblito cada fin de semana. Él tenía treinta y dos años y su niño nueve. Dirigí mi atención al niño. Me dijo que amaba el futbol. Estaba esperando que la escuela re-abriera después del receso del verano para poder jugar con sus compañeros de nuevo—o algo parecido. Hmmm… terminamos con lo básico. ¿Qué preguntaría ahora? Era tiempo de que me acostumbrara a aquellos raros y abruptos finales de conversaciones.

"Dolores de cabeza," leí del libro. Le pregunte a la señora trabajando en el centro de salud si tenían aspirina. Conduciendo en el frio helado de la noche anterior me había dado un terrible dolor de cabeza. Me dijo que sólo tenía paracetamol e ibuprofeno. Elegí paracetamol. Encendí el teléfono celular y verifiqué la hora—casi las once. Era tiempo de partir. Tomé un par de fotografías de ellos y comencé a empacar mi valija.

Ellos nunca me pidieron dinero. No lo iban a hacer. A dentistas que van de ciudades grandes como Tacna a villas con menos de cincuenta pobladores para servirles no les importa el dinero. Les pagué dos veces lo que había pagado para permanecer en Cuzco y me enfrenté a la carretera.

El dentista me había dicho que conduciría en carreteras de tierra por al menos tres horas. Pero no me dijo nada acerca del terreno. Por el primer par de horas, estuve conduciendo sobre carreteras de tierra a través de riachuelos y praderas. Y luego, todo el paisaje repentinamente se transformó en un desierto. Me habré cruzado con por lo menos un par de pastores con sus llamas, antes de enfrentar el desierto. Pero literalmente no había nada en el desierto—ni arbustos, ni riachuelos, ni rocas, ni llamas. Sin trazos de vida: campos tras campos de arenas. Y algunos picos cubiertos de nieve en la distancia disfrutando la vista del desierto. Después de recorrer por más de media hora en el desierto, vi un camión viniendo del lado opuesto. ¡Fue el primer vehículo del día!

Paré y empecé a hacerle señas al camión. Le pregunté al conductor si aún estaba en el camino correcto. Me dijo que encontraría una bifurcación en otra media hora, que había un albergue pequeño en la bifurcación. El hombre del albergue iba a darme direcciones para Moquegua. Toma eso como direcciones. Pero ¿mi sentido de alivio? —sin precio. Estaba en el camino correcto, al menos…

Otra media hora y allí estaba: una bifurcación, un albergue, y tres personas afuera observando al "loco" conduciendo su motocicleta. Dos mujeres se entraron cuando me fui aproximando al albergue. El hombre, con sus manos en las caderas, se quedó observándome. Me aproximé y le pedí direcciones. Me dijo que yo estaba al pie de la montaña y que las carreteras pavimentadas estaban al tope de la montaña. Me dio dos opciones: La primera era conducir por tres kilómetros y dar la vuelta a la montaña donde la carretera de tierra se unía al asfalto. La otra opción era conducir derecho a través de la montaña por un kilómetro, llegar al tope de la montaña y tomar la carretera pavimentada desde allí. Aún estaba en el medio de un desierto. La carretera adelante estaba llena de arena. Le pregunte si la motocicleta de 400cc iría derecho. "No hay problema", me dijo confiado.

Tomé el riesgo, y pagué por ello. Había andado tres cuartos del camino cuando la motocicleta se dio por vencida. Ya había cambiado a la primera marcha, pero estaba conduciendo sobre capas y capas de arena. Las ruedas ya no podían encontrar el suelo sólido debajo de la arena. Mi motocicleta, mi mochila, y yo quedamos sentados en la arena en algún lugar de los Andes. Comencé a pensar en bajar la montaña y pedirle al hombre para que me ayudara. ¡Ay! La gasolina estaba derramándose por la válvula de aire de la motocicleta. Estaba en el medio del desierto con solo un albergue a la vista y ningún otro indicio de vida. Puse mi dedo en la válvula y comencé a pensar acerca de mi siguiente paso. ¿Había algo en la motocicleta para frenar el derrame? Después de buscar por quince minutos, me di por vencido y comencé a pensar en posibilidades de conseguir alguna ayuda. Levanté la vista y pude ver el borde de la carretera pavimentada. Pero la carretera estaba desierta. Mi única esperanza era el hombre del albergue. Comencé a hacer señas con la otra mano y a gritar tan fuerte como podía. Pasaron cinco minutos, luego diez. Nada. Mi voz no llegaba hasta al albergue. Después de otros diez minutos, vi al hombre salir del albergue. Comencé a hacer señas y a gritar nuevamente. Finalmente se percató de mí. ¡Uf!

La montaña no era tan empinada que sólo le llevo veinte a treinta minutos para alcanzarme. ¿Cómo le explicaba que había una pérdida de gasolina que yo quería frenar? Saqué mi dedo de la válvula y la dejé chorrear por unos segundos. El miró alrededor y encontró una varilla para tapar la válvula. Levantamos la motocicleta e intentamos hacerla arrancar. ¡Nada! Fue una combinación desagradable de un motor ahogado, frio helado, y poco oxígeno. Señaló el albergue y me pidió seguirle.

Para cuando llegamos al albergue, yo estaba listo para colapsar. Empujar la motocicleta a través de la arena me desgastó. Nuestros intentos de empujar la motocicleta bajando de la montaña y forzando la segunda marcha no estaba funcionando. La batería estaba bien, pero no pudimos hacerla encender. Así que el le aplicó un obturador y comenzó a jugar con la motocicleta. Rápidamente me resigné al rol de espectador. Después de media hora de patear y gritar, la motocicleta finalmente rugió. Le pagué al hombre lo que pude. Pero hay momentos en que el dinero simplemente no paga. Ya había tenido dos de esos momentos en dos días. Deseaba poder haber expresado mi gratitud al menos. Pero aun cosas como, "No puedo decirte cuanto significa esto para mi" estaba fuera de mi alcance. Un montón de "Muchas gracias" fue todo lo que encontré en mi desierto verbal.

Tomé la carretera más segura y llegué al camino asfaltado. Mientras subía cuesta arriba, observé el tanque de gasolina. Entre la pérdida de gasolina, el motor ahogado, y mi intento de hacerla arrancar de nuevo, yo había perdido mucha gasolina. Y no había ningún surtidor de gasolina antes de Moquegua. Apagué el motor cuando iba cuesta abajo. Después de treinta a cuarenta kilómetros de ir cuesta abajo, finalmente me sentí seguro de encender el motor. Moquegua era posible ahora. Mi circo finalmente terminó en Moquegua alrededor de las siete de la tarde. Para las nueve ya estaba en Tacna. Un emparedado de pollo aceitoso y estaba listo para irme a dormir.

Mi plan original había sido partir desde Cuzco, andar la costa oeste del continente todo el camino hasta la punta más austral, regresar a lo largo de la costa este hacia Buenos Aires, dirigirme de regreso a Santiago, y rastrear mi camino de vuelta a Cuzco. ¡Ay de mí! Después de mis primeros tres accidentados días en Perú, me di cuenta de que mi plan había sido demasiado ambicioso. Era imposible hacer quinientos o seiscientos kilómetros por día durante cuarenta días. Decidí tomarme un día a la vez.

Al día siguiente, llegué a la frontera de Perú-Chile y pasé una hora completando todas las formalidades para cruzar la frontera. Una estatua de Jesús con sus brazos extendidos me saludaba en el cruce de la frontera Perú-Chile. Aparentemente Chile impuso La línea de frontera sobre Perú hace una centuria cuando ganaron un enorme trozo del desierto en una guerra. Parado en el medio del desierto fue difícil que alguien pelearía por un pedazo de tierra. Pero, como Aristóteles alguna vez dijo, "La única gente que ha visto el final de la guerra es la gente muerta". Pensé dejar una nota debajo de la estatua de Jesús que dijera: "Cállate, animal. Yo soy el único que ha muerto por todos tus pecados."

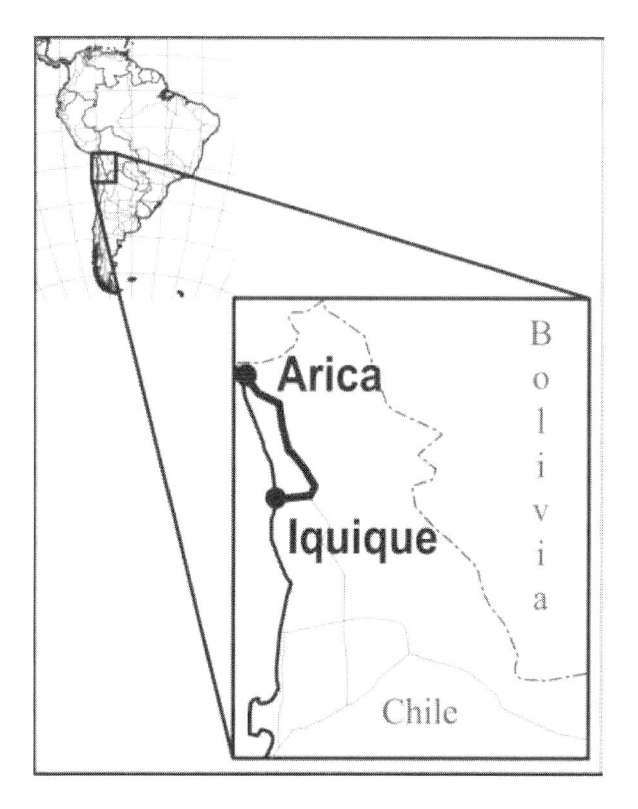

TRES
LA TORMENTA PERFECTA

Yo no estoy muy seguro si a los peruanos les agradan los chilenos. Pero parece que los chilenos realmente no confían en los peruanos. Adivino que los peruanos son considerados ciudadanos de segunda clase en Chile. Tú puedes verlo en el cruce de la frontera. Todos los peruanos estaban esperando pacientemente afuera, formando largas filas en el calor sofocante. Las autoridades chilenas estaban dirigiendo el ganado cuando yo pasé a la oficina con aire acondicionado. Después de otro esfuerzo de Hércules por hablar español, alcancé Arica en la tarde. Iquique, la siguiente gran ciudad, estaba solo a 300 kilómetros de distancia. No pareció mucho, pero no quise tomar riesgos. Yo había aprendido mi lección.

Arica fue mi primera parada en Chile. Chile era un país del

que no sabía nada hasta hace pocos años, excepto por su localización en el mapa. Si no hubiera sido por mi consejera y compañera de laboratorio chilena, probablemente no habría aprendido nada más acerca de Chile. Tanto como esto es lo que yo sabía- Uganda: Idi Amin; Libia: Gadafi; Zimbabue: Mugabe; Vietnam: Ho Chi Minh; y Chile: Pinochet.

Era mi primer día en Chile. No había visto realmente mucho, solo unos kilómetros de desierto y un pueblo fronterizo. Pero en aquellos 50 kilómetros, fui de ciudades caóticas, calles empolvadas, y facciones nativas americanas a un pueblo con una plaza limpia ya una calle central alineada con tiendas de lujo, bares exclusivos, lindos restaurantes, y facciones distintivamente europeas. Me registré en un albergue pequeño y tiré mi mochila. A lo que empecé a buscar un sitio para estacionar mi motocicleta por toda la noche, finalmente aprendí que "parking lot" se dice estacionamiento. ¡Guau! Sonaba a algún palacio alucinante.

El español es un idioma interesante. Muchas de las palabras comúnmente utilizadas- como nosotros, vosotros, trabajar, cualquiera- son inusualmente largas. Y el cambio de las formas verbales hacen que tu vida sea más miserable. El desafío más grande como estudiante de español, sin embargo, fue entender donde una palabra terminaba y la otra comenzaba. La oración completa sonaba como una sola palabra. Aun después de pedir a la gente que hablase más despacio, encontré increíblemente difícil el analizar gramaticalmente las oraciones. La expresión confusa de mi cara por lo general les forzaría a reformular sus preguntas. Y cuando ello fracasaba, se daban por vencido y terminaban la conversación.

Víctor me dio direcciones hacia el estacionamiento más cercano y algunos restaurantes en el vecindario. Era de la zona sureña de Chile y se había mudado a Arica para administrar el albergue para que pudiera ganar dinero y aprender. Estaba estudiando para recibir un diploma en turismo.

Después de una pausa incomoda, era mi turno de contestar sus preguntas. Juzgando por su batería de preguntas, parecía que él estaba interesado en saber más acerca de mí. Quizás yo era la primera persona de India que había conocido. Nuevamente mi español me falló. No podía entender las preguntas que me formulaba. Sin embargo, era una sensación grandiosa. Aprendí a preguntar algunas cuestiones básicas acerca del estacionamiento y la comida en español. Sí, las conversaciones todavía terminaban abruptamente, pero era un ¡buen comienzo!

Salí para llamar a mi ex colega chilena y ella me dijo que había llegado a su país. Me encontraba como a 2000 kilómetros de su pueblo, pero estaba en camino. Había pasado algún tiempo, más de un año, desde que le había hablado. Nunca pensé que pudiera encontrarla o hablarle de nuevo desde que regresó a Chile. Pero se sentía bien el tener la oportunidad de reconectarse con alguien que solía ser parte de tu vida cotidiana. Mi vida había cambiado mucho. Y yo deseaba saber acerca de su vida al volver a su lugar de origen. Teníamos muchas cosas de qué hablar. Disque su número y fue directamente al correo de voz. ¡Qué desastre! Sin embargo, fue divertido escuchar el mensaje de su correo de voz. Supe lo que significaba, pero no porque entendiera las palabras. Oh bueno, ella me dijo acerca de sus planes de vacaciones para el verano. Debe aún andar de vacaciones.

La siguiente parada era Iquique. Trescientos kilómetros de nada separaban Iquique de Arica. Estaba cerca de cruzar el desierto de Atacama, el desierto más seco sobre la tierra. El muchacho de la agencia me había dicho que la motocicleta andaría cerca de trescientos kilómetros con el tanque lleno. No iba a irme sin el tanque lleno. No más riesgos estúpidos.

Paré en la estación de gasolina de Copec en las afueras de Arica y le pregunté al gentil anciano si había alguna estación de gasolina entre Arica e Iquique. Un joven entusiasta irrumpió en la conversación y me dijo que no habría nada antes de Iquique. Cuando le indiqué que mi motocicleta podría ir trecientos kilómetros con el tanque lleno, comenzó mencionándome que debería llevar algo de gasolina extra conmigo. Mientras entendía que estaba tratando de ayudarme, ningunas de sus palabras tenían sentido para mí. No estaban en la lista de las palabras en español que había aprendido hasta el momento. Le dije, "Por favor, lo escribes". Me dio un pedazo de papel con bidón para combustible escrito en él. Con lenguaje de señas, me dijo que regresara a la ciudad y comprara uno de esos.

Después de una hora de caminar bajo el sol caliente y sudar con la chaqueta y los pantalones puestos, finalmente encontré un contenedor de cinco litros. Mientras caminaba de regreso a mi motocicleta, me detuve en un almacén y pedí un vaso de agua. El dueño del almacén me miró y me pregunto si era pakistaní. Fue interesante que el dueño del pequeño almacén apostado en una ciudad limítrofe pequeña como Arica hubiese aprendido a asociar la piel oscura y el cabello negro con Pakistán. ¿Por qué Pakistán?

Cuando le dije "Soy de la India", su siguiente pregunta fue, "¿Ah, hindú?" En América del Sur, siendo de la India automáticamente te hace hindú. Deseaba poder decirle que tenemos más musulmanes en la India que en Pakistán. ¡Otra media hora mirando mi libro de frases! Bebí el agua, saludé con un gesto, y continué mi camino.

Me dirigí a la estación de gasolina, llené el bidón para combustible, y me alejé de Arica. Los pilares de piedras antiguas construidas por los nativos-americanos estaban en las afueras de Arica--- pilares de piedra cuidadosamente labradas en el medio de la nada. Busqué alguna información sobre ellos, pero no había nada. Me recordó algunos de los sitios turísticos en la India, ricos en historia, pero gimiendo por ayuda. Oh bueno, ¿de cuántas cosas me voy a preocupar? Deja ya de pensar, y sigue adelante.

Apenas anduve unos cien kilómetros cuando me di cuenta de las plumas de polvo que llenaban el cielo. Una pareja de conductores de camión emergiendo de las nubes de arena me hicieron señas con las manos. Adivino que me estaban pidiendo que desacelerara. Pero no estaba seguro de por qué. No tenía idea de que me estaba aproximando hacia la primera tormenta del desierto de mi vida.

Los vientos comenzaron a soplar y la arena estaba en el aire. Sentí como si lloviera arena. Cuando entre a la tormenta, mi velocidad disminuyo de ochenta o noventa kilómetros por hora a veinte. Los vientos comenzaron a empujarme hacia el otro lado de la ruta. La visibilidad disminuyó a diez o quince pies. Un ocasional camión apareció de la niebla de polvo. Entrar en la otra mano de la ruta no era una opción.

Comencé a conducir en el viento para evitar que la motocicleta se cayera o se inclinara hacia la otra mano de la ruta. Quince minutos. Veinte minutos. Iba empeorando. Los vientos se volvían más fuertes. La arena había empezado a colarse en mi casco, y los vientos estaban tratando de arrancar mi cabeza de mi cuerpo. Era difícil mantener mi cabeza sobre los hombros. Miré hacia arriba por un momento, esperando ver signos de que la tormenta estuviera terminando. Pero no había nada. Se sentía como en el tiempo entre ocaso y la oscuridad completa. Nunca me había imaginado que la combinación de viento y arena podía convertir un sol brillante en el ocaso. Pensé estacionar por un momento. Pero con otros cien kilómetros delante mío, continué. Después de una buena media hora de correr a través de la tormenta del desierto, me pareció que los vientos finalmente comenzaban a pasar. Otros diez minutos y todo volvió a la normalidad. Después de sacar mi cabeza de los vientos de noventa a cien kilómetros por hora, con mi casco puesto, mi cuello se daba por vencido. Paré a la orilla, me saqué el casco, y me aseguré de que todo estaba bien. Mi cuello estaba bien, pero había empezado a tener dudas sobre todo el viaje.

En los próximos doscientos kilómetros, hubo un puesto de control de la policía, un oasis con una población menor a cien, y un restaurante en la mitad de la nada. Mientras me aproximaba a al puesto de control, el policía de turno me paró y empezó a hacerme preguntas. Todo lo que pude decir fue "Lo siento, hablo muy poco español." Se dio por vencido y me dejó ir. Después de otros diez minutos más o menos, tuve aquel momento de lucidez repentina. Me di cuenta de que me estaba preguntando "¿De dónde eres?" Era el acento chileno. Omitiendo todas las ese y las subidas y bajadas en el tono. El Lonely Plante me había alertado acerca de ello. Pero yo no lo había notado en la frontera de Perú-Chile. Quizás porque los oficiales de inmigración habían aprendido a disminuir su acento. O sea que había sido mi primer encuentro con un chileno real. No me asombra que el policía me dejara ir. Si no puedo entender "¿De dónde eres?" es difícil pasar a la siguiente pregunta.

Otra tormenta del desierto me dio la bienvenida cuando me aproximaba a Iquique. Aunque está fue más corta. Conocía el procedimiento y el cruce a quince o veinte minutos. Luego vino el descenso final a Iquique. La vista imponente de la ciudad desde la cumbre de la montaña hizo que la terrible experiencia valiera la pena. Me recordó el día que escalé el Gran Cañón, tomando los escalones finales para salir del cañón. Tu cuerpo está muerto, pero tu mente no lo está. El sentimiento de que le ganas a la naturaleza, que sin embargo es trivial o tonto.

Era una ciudad increíblemente hermosa. Un complejo turístico floreciente en la playa que terminaba en el océano en un lado y cortaba dentro de las enormes dunas de arena sobre el otro lado. Las dunas amarillo brillante resplandeciendo en el sol del desierto creaba un contraste asombroso contra el celeste Océano

Pacifico y la colorida ciudad. El Hostal International está ahí sobre la playa. Un electricista tatuado de San Francisco, una pareja canadiense que recién habían terminado la universidad, dos chicas de Alemania que hablaban 4 idiomas y estaban estudiando español en Argentina—era mi lugar. Mientras entraba al vestíbulo, escuché gente hablando en inglés. Se sentía bien encontrar a gente que hablaba un idioma que conocía.

Una ducha larga, una siesta rápida, y estaba listo para la puesta de sol. ¡Mi primer ocaso con mi propia cámara! Estaba en un centro turístico típico: las playas limpias, el bulevar a lo largo de la playa, Toyotas y Hondas llenando las calles, la policía chilena montados en caballos patrullando las playas; me saqué los zapatos y enterré mis pies en la arena. Disfruté la brisa del atardecer por un rato y comencé a tomar fotografías. Fue un momento extraño – ninguna familia, ningún amigo, ningún libro—solo yo y mi cámara de fotos. Dos extraños juntos por una aventura solitaria. Paré un par de veces y colgué la cámara alrededor de mi muñeca. Consideré las dunas distantes. Las olas alejarse. Las burbujas de agua. E hice un momento de silencio para la puesta del sol.

Esta no fue la primera vez que había viajado. Tenía mucha experiencia viajando. Cuando era un niño creciendo en La India, la pasión de mi padre por viajes largos me había ayudado a cubrir casi tres cuartos del país. En la mitad del verano indio, mis padres, mi hermano mayor, mi hermana más chica, y yo íbamos aglutinados en un Maruti 800 pequeño y nos dirigíamos a todas partes del país. Después de regresar a Estados Unidos para mis estudios de postgrado, había ya cubierto cuarenta de los cincuenta estados y casi todas las ciudades mayores de los Estados Unidos. Había disfrutado de la tranquilidad de Okinawa, me había perdido a mí mismo en las multitudes de Tokio, y había saboreado el estilo de vida tranquilo de varias islas del Caribe. Había sobresalido entre los transeúntes de la cultura robótica de Alemania, saludado a la reina en London, y sumergido en la romántica belleza del Distrito del Lago en Inglaterra.

Comparado a un estadunidense promedio o a un hindú, eso era mucho viaje. Pero siempre había viajado con amigos o familia. Siempre había tenido a alguien con quien compartir mis alegrías y penas, alguien para compartir lo que me gusta y me disgusta, alguien con quien estar de acuerdo o no. Esto era diferente. Era solo yo.

Cuando era un niño creciendo en la India, nunca había pensado acerca de viajar sólo. Olvídate de viajar, ¡nunca había ni siquiera pensado acerca de ir al cine sólo! ¿Por qué alguien querría viajar sólo? Tus amigos, tu familia, tus colegas – todos ellos te definen. ¿Por qué sentirías la necesidad de encontrarte a ti mismo? ¿O de definirte a ti mismo?

A la edad de veinte, estaba allí, en una playa repleta en algún pequeño poblado chileno oscuro. Por primera vez en mi vida, estaba conmigo mismo. Lejos de todo: las expectativas de mi familia o amigos, las expectativas de mi jefe, mis propias expectativas, mis sueños, mis ambiciones, mi energía, mis deseos, mi sociedad, la sociedad americana, las chicas que amé. No era nadie. Nadie sabía de dónde era. Y no había forma de saberlo. Sí, había gente alrededor, pero estaban en el otro lado de la barrera idiomática. La cámara de fotos estaba robándose mis vistas, pero mis sonidos interiores todavía estaban seguros. Todavía era eran míos.

Comencé a reflexionar sobre mi propia jornada, a través de América del Sur y a través de la vida. Las olas continuaron formándose, apareciendo de ningún lado. Me trajeron alegrías y penas en tierra. La que bajaba formaba una nueva. Pensé acerca de mis tres días en la ruta: los peruanos y chilenos amables y serviciales, los paisajes deslumbrantes, la emoción nerviosa antes de que hubiera empezado el viaje. ¡Reflexione sobre la emoción del primer amor! Hmmm, ¡la universidad! Pensé en el estremecimiento del descubrimiento científico, los días oscuros de desesperación y fracaso, la euforia de encontrar amor, la tristeza de perder el amor, el amor incondicional de mis padres, mi infancia, consiguiendo mi primera beca, consiguiendo mi segunda beca, fracasando de entrar a la carrera de mi elección. Dejando la sociedad hindú y abrazando la sociedad americana, haciendo nuevos amigos, aferrándome a viejos amigos, mis viejos amigos, mis verdaderos amigos, el desagradable escándalo del novato en la universidad, los adolescentes irreverentes, el rebelde en la universidad, las oportunidades perdidas, las chicas que me amaron, caminando la cuerda floja de respetar sus sentimientos…

Mi mente estaba disfrutando de los sonidos del choque de las olas. Pero mi estómago comenzaba a quejarse. Caminé hacia el supermercado cercano y empecé a observar a las góndolas llenas de todo tipo de frascos y enlatados. ¡Las fotos en ellos tenían sentido, pero las palabras no! ¡Fideos Ramen! ¡Ante la duda elige los fideos! Dos paquetes de fideos, una botella grande de jugo de naranja, y estaba listo para mezclarme con la multitud internacional.

Los mochileros parecen tener un protocolo estándar no escrito de introducción. Después de intercambiar bromas, todos se permiten una buena vieja costumbre norteamericana. Servirse un trago, criticar Norteamérica, servirse uno más, criticar Norteamérica, otro trago, criticar Norteamérica un poco más. Hacia el final de la primera fase, todos han tomado varios tragos, y la conversación cambia hacia los objetivos en la vida, o la carencia de ellos. En mi caso, les llevó un tiempo convencerse a sí mismos de que aunque soy un neurocientífico hindú con poco conocimiento de español viajando a través de América del Sur en una motocicleta, sólo, no era un extraterrestre. Las historias profesionales son seguidas por las historias personales. Y luego, todos religiosamente vuelven a criticar Norteamérica.

Fue una noche divertida. Estaba feliz de encontrarme con gente de habla inglesa. Al día siguiente antes de irme, rodé alrededor de las viejas partes del poblado. Solía ser un puerto ocupado durante la explosión del nitrato en el norte de Chile. La ciudad tenía un muelle grandísimo, una plaza impresionante, un edificio amarillo del gobierno que se levantaba en el viejo centro de la ciudad. Como supe luego, el amarillo era el color de elección en el desierto. ¡Después del colapso de la explosión del nitrato, la ciudad se había transformado en un complejo de playa turístico—una transformación impresionante!

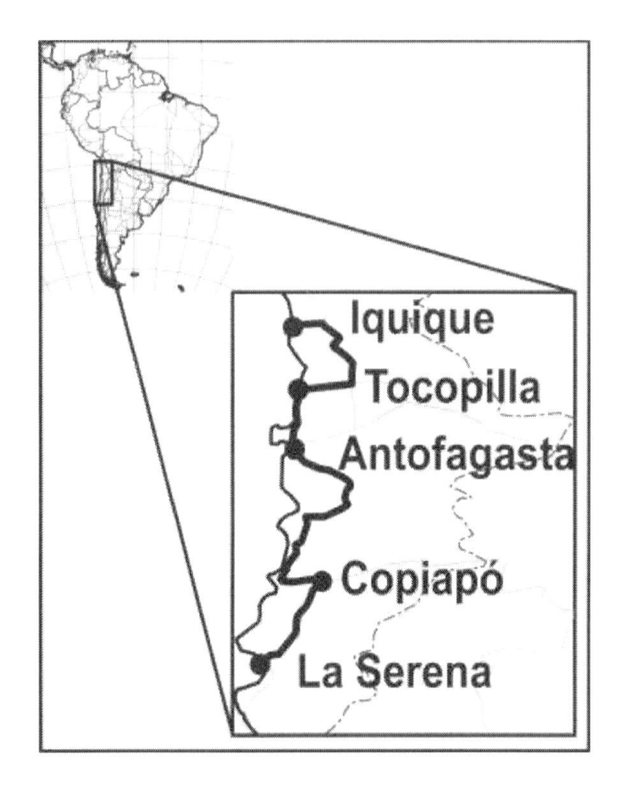

CUATRO
MELODIA ENCADENADA

Había pasado el mediodía antes de que dejara Iquique. Antofagasta estaba a cuatrocientos kilómetros de distancia. El tipo del hostal me dijo que podía tomar la ruta que va a lo largo de la costa hacia Tocopilla, la cual estaba a mitad de camino entre Iquique y Antofagasta. Pero ninguno podía decirme cómo llegar a aquel camino. Tenía que tomar el aburrido camino del desierto. Después de una jornada sin eventos de cuatro horas a través del desierto, estaba en Tocopilla, un poblado pequeño con un puerto y plaza chicos. Encontré un hostal barato perteneciente a una familia de Croacia. No viendo restaurantes estándares sirviendo comida italiana o mejicana o americana, fui al pequeño restaurante contiguo. El restaurante no tenía un menú, y la mesera empezó a contarme acerca de la comida que servían. ¡Esta fue otra pesadilla para mí! Su tren iba a toda velocidad y yo estaba tratando de agarrar algo, lo que fuera. Le escuché decir algo como completo y salte sobre ello. También lo ordené doble, pensando que se trataría de un sándwich cargado, grasoso y bueno. Todo lo que conseguí fueron dos perros calientes cargados con tomates y aguacate. ¿Aguacate? ¿Un intento de convertir el perro caliente en nutritivo? Oh bueno, eran extraordinarios, pero no lo que estaba esperando después de un largo día de corrida.

Tocopilla era un poblado polvoriento pequeño que denegaba a las montañas del Este el placer de lavar sus pies en el Pacífico. Una planta química y un puerto menor apoyaban una comunidad que parecía una sombra pálida de sus días de la explosión del nitrato. Un edificio de bomberos pintado con una dosis generosa de colores brillantes sobresalía en el ocupado mercadillo central. Tomé varias fotos, empaqué mis bolsas y ya estaba listo para dirigirme al sur. Con solo dos caminos dejando la ciudad, era difícil perder el que se dirigía al sur de la costa. Las montañas hermosas, el océano, y el camino ventoso me esperaban—¡la Ruta 1 de América del Sur! Era un viaje impresionante, un camino pavimentado con un anfitrión de los vestigios de la era del nitrato—poblados desiertos y monumentos a lo largo del camino, lindas sombras cubriendo los bancos con nadie sentándose en ellos, una mansión costera abandonada con toda suerte de grafitis sobre sus paredes. Todo embellecido por el océano al Oeste.

El camino estaba delineado con tumbas, las cuales estaban decoradas con increíble detalle. ¿Por qué había tumbas en el medio de la nada? ¿Estaban allí porque la gente había muerto allí? ¿O los seres queridos querían que ellos disfrutaran de las hermosas puestas de sol cada día de sus vidas de ultratumba? ¿De dónde venían las velas recién quemadas, y las flores hermosas?

¿Qué pasaría si mi vida terminara aquí? ¿Sabrían ellos que los hindús no entierran a sus muertos? ¿Por qué estoy yo pensando acerca de la muerte?... ¿Por qué nos alejamos de la muerte? ¿Qué pasaría si no existiera la muerte? ¿Si hubiera sabido que era inmortal, habría acaso reservado aquel vuelo a Cuzco? ¿O habría continuado hablando acerca de mi deseo de viajar a través de América del Sur en una motocicleta, tal como un millón de otras personas lo hacen? ¿Si todos fuéramos inmortales, alguien alguna vez viajaría a algún lado? ¿En un mundo de inmortales, a alguien le importaría explorar el mundo u otras culturas? ¿Deberíamos comenzar a celebrar la muerte por todas las cosas hermosas que nos hace hacer mientras estamos vivos? ¡Un curso intensivo sobre inmortalidad! ¡Oh bueno, tarareando "Love Is All You Need" era mucho más fácil! ¡Vida eterna a los Beatles!

Estaba en Antofagasta antes de que pudiese repasar mi lista de todas las canciones de los Beatles, Pink Floyd, y Kishore Kumar. Era lindo experimentar de nuevo la cosa llamada vida de ciudad. Abrí mi Nuevo Testamento, El Lonely Planet decía que Antofagasta era uno de los puertos más grandes de Chile, una ciudad de vaivenes con un revoltijo de arquitectura antigua, barrios en decadencia, despampanantes centros comerciales vendiendo de todo bajo el sol, nuevos edificios vivamente coloridos, todo mezclado dentro de una olla grandísima. Era un lugar donde podías encontrar un poco de todo pero que aún se sentía vacío. ¿Era una ciudad imponente sin alma, una ciudad que se expandía sin un propósito—como la vida, no es cierto?

Pasé la noche en un hostal en decadencia y me monté en la moto en la mañana. ¡La siguiente parada era Copiapó! El camino de Antofagasta a Copiapó era muy monótono. Estaba simplemente feliz de recorrer caminos con poca gente en ellos. Otra noche en otro hostal, otra jornada larga, y estaba en La Serena, una de las ciudades más antiguas y hermosas de Chile. Un camino derecho, largo, delineado con árboles, me llevo de la tranquila playa al centro ruidoso y ocupado de la ciudad. Era la primera vez en mi jornada que tuve que preguntar en cuatro diferentes hostales antes de encontrar una habitación vacante. Fue bueno saber que había tantos turistas en la ciudad.

Para cuando llegué a La Serena, ya había recorrido dos a tres mil kilómetros. Era tiempo para un cambio de aceite. Me detuve en el primer negocio de reparaciones de motocicletas y empecé en mi español precario. El gerente me dio un presupuesto de diez dólares estadunidenses por el cambio de aceite y el filtro. Comencé a preguntarle cuánto tiempo llevaría y si aceptaba tarjetas de crédito. Se dio cuenta de que no era bueno en español, y comenzó a buscar razones para aumentar el precio. Me pregunto si estaba llevando aceite conmigo. Añadió otros veinte dólares cuando le dije que no. Bienvenido a la explotación. Finalmente me dio un presupuesto de cuarenta dólares, y yo asentí. Me dijo que uno de los mecánicos en su shop era bueno en inglés y me sugirió que le hablara.

"How are you doing?" preguntó Juan.

"I'm fine, how are you?" le contesté. Lo felicité por su inglés y le pregunté si había tomado cursos de inglés en la escuela. Me dijo que había aprendido algo por escuchar mucha música rock. ¡Impresionante!

Mientras trabajaba en la moto, le hice muchas preguntas acerca del Paso de Agua Negra, un camino que lleva de La Serena a la Argentina a través de los Andes. Había escuchado muchas cosas buenas acerca de él, pero no estaba seguro de las condiciones del camino. Con todas las fotos en internet mostrando un camino de tierra, no estaba convencido de cruzar la frontera a través del Paso. Pero una parte de mi todavía tenía esperanzas. ¡Quizás ahora hayan pavimentado el camino! Después de todo, era el más desarrollado país del tercer mundo en América del Sur. Y el turismo es una de las industrias más grandes en Chile.

"El camino es bueno, bueno," otro tipo saltó. Comenzó a contarme en Spanglish que estaba a cerca de cuatro mil quinientos metros sobre el nivel del mar. Afirmaba que lo había recorrido hace varios meses. Con la moto en la que estaba viajando, él pensaba que sería fácil. Le pregunté repetidamente si estaba seguro acerca de las condiciones del camino. Cada vez me decía que el camino estaba bien, podía sentir que la parte esperanzada de mi crecía. Era casi como si me picara la idea de mi próximo poblado, centro de salud, y la aventura del pan y el té. Dicen que el éxito es adictivo. Yo pienso que tomar riesgos es más adictivo todavía. La próxima vez que llegué a un centro de salud de un poblado, no sentiré que he tomado ningún riesgo. He estado allí y hecho aquello. Buscaré algo más riesgoso, más aventurero.

Los mecánicos estaban disfrutando su primer encuentro con un hindú. Después de un rato, Juan me indicó que, si estaba planeando escalar cuatro mil quinientos metros en la motocicleta, necesitaba ajustar la cadena. Me dijo que no le hablara al gerente y que debería ir a otro mecánico y pedirle que lo haga de forma gratuita. Cuando le pregunté dónde estaba el otro negocio, me dijo que quedaba en las afueras de la ciudad. Me dijo que él estaba planeando ir por allá alrededor de las cinco de la tarde y que no le importaría trabajar en mi moto después de esa hora.

Estaba en un país extranjero, con un tipo que había conocido diez minutos antes. Estaba en las afueras de una gran ciudad turística. Un grupo de mecánicos de motocicletas sabían que era extranjero con muy poca habilidad para el español. Tenía todas las razones para declinar la oferta. Pero, por alguna razón, siempre me encontré creyéndole en los extraños más fácilmente que a creyéndole a la gente que conozco. Mi filosofía de que la gente usualmente son amables me forzó a tomar aceptar su oferta. Por otro lado, hacerlo en el mismo negocio no era una opción. No quería ser explotado nuevamente. Si seguía sus instrucciones, existía al menos la posibilidad de ahorrar algún dinero.

Así, yo estaba, detrás de una solitaria estación de servicio en las afueras de La Serena. Varios palos sostenían una chapa de plástico grandísima que protegía del sol brillante a un Beetle desmantelado, dos motocicletas herrumbradas, y cuatro hombres: Juan, su amigo mecánico, y dos policías. Mientras Juan estaba arreglando la cena, uno de los policías se dio cuenta de que la motocicleta tenía una patente peruana y empezó a hacerme preguntas. Le conté acerca de mi viaje, pero no tenía los papeles para probar que tenía una visa valida y que había alquilado la motocicleta en Perú. Había dejado todos mis documentos en el hostal. Pude verle mirándome fijamente por detrás de sus anteojos de sol. Me dejo ir con una advertencia cuando se dio cuenta de que yo le estaba devolviendo la mirada fija.

Intente pagarle a Juan por sus servicios, pero insistió en no aceptar. Era un jueves por la tarde. Le pregunte si tenía planes de salir más tarde en la noche. Me dijo que había un solo bar en el poblado que tocaba su tipo de música, rock clásico y heavy metal. Le ofrecí invitarle un trago, y aceptó.

Era una buena oportunidad para mí. Había estado en el camino por más de una semana, y no había estado en ningún bar local. Era tiempo de romper con la rutina. En cierta forma, mi primera semana en América del Sur me había recordado mi primera semana en los Estados Unidos. Estando en una nueva cultura, con gente nueva, modalidades diferentes, y un nuevo idioma, estas midiendo cada paso. Pero después de mi primera semana en el camino, era tiempo de liberarme de mis aprensiones de estar en un país extranjero y no conocer el idioma. De todas formas, Juan iba a estar allí. Lo que era un gran alivio.

"Ron con coca cola, por favor," dije mientras estaba tratando de aclarar mi garganta.

El mozo no entendía mi español y me preguntó, "¿inglés?" ¡Hice un gesto con una sonrisa—un beneficio de estar en un poblado turístico! Estaba buscando por Juan, pero todo lo que pude ver era un rostro borracho sentado a mi lado. ¡Estaba sonriéndome como si yo fuera alguna extraña criatura inofensiva, como el extraterrestre en E.T.! Es gracioso lo que la dura barrera del lenguaje te puede hacer.

Después de varios minutos de buscar en vano, le pregunte al mozo si conocía a Juan, el mecánico de motocicletas. Era como preguntar por "Amit, el ingeniero" en India, pero era mi última esperanza. Cuando el mozo dijo que no, mi única opción era iniciar conversaciones con extraños en español. En pocos minutos de abrazar aquella opción, descubrí que el rostro borracho mirándome fijamente era el rostro de un exitoso distribuidor de juguetes. El hombre que ocupaba el otro asiento era un taxista de servicio regular entre la antigua La Serena y la joven Coquimbo. Por alguna razón, tenía la impresión de que la gente viviendo en los Estados Unidos dicen "What's up, man?" cada cinco minutos. Había estudiado gerencia de turismo en la universidad cuando el dinero se le acabó y se convirtió en taxista. el asunto. Con un cuerpo pesado, largo cabello enrulado, y un rostro cuadrado, Diego apenas hablaba inglés. El alejó al hombre de negocios y al taxista y agarró el asiento a mi lado. Diego estaba en sus treintas y trabajando en una fábrica de municiones. Había pasado unos años en España y se jactaba de dormir con muchas mujeres. Después de una buena media hora, el gerente regreso para ver cómo andábamos. Estaba en apuros en mi conversación con Diego. Por suerte, el gerente era bueno en inglés. ¡Phew!

El gerente era un artista que había pasado la mayor parte de su vida en Valparaíso. Dirigí mi atención hacia él y descubrí que él y sus amigos eran fanáticos de Pink Floyd. ¡Nice! Una nueva ronda de tragos. Una discusión sobre música. Después de más ron con colas y "Brain Damage", se empezaron a preparar. Era tiempo de cerrar. Mientras caminaba hacia fuera, Diego me seguía y me acompañó a casa. "Solamente cinco minutos", le dije con un gesto distintivo. Mi hostal quedaba a solo pocas cuadras. No nos iba a tomar más de cinco o diez minutos en llegar allí. Pero Diego insistió en acompañarme de regreso a casa. En el camino, le pregunté si conocía al hombre de negocios y al taxista con quien había parrandeado. Más temprano. Me dijo que el hombre de negocios y el taxista podrían fácilmente haberme robado. ¡Guau! Y ¿por qué el gerente me había salvado? ¿Por qué me estaba ayudando? Lo miré y le vi sonriéndome. “Mi hermano”, me dijo, mientras llegábamos al hostal, y le di un abrazo.

Mientras me desataba los zapatos, mis pensamientos flotaban de regreso al episodio del bar. ¿Me debería sentir bien acerca del hecho de que pude hablar con la gente del lugar, sentirme bien que el gerente y Diego me protegieran? ¿Debería sentirme triste de los problemas de todos los días en la vida del taxista? ¿Por qué siempre me siento mal por la gente a quienes se les ha negado oportunidades? ¿Qué pasaría si todos pudieran hacer lo que quieren? ¿Serian ellos más felices? ¿Si todos consiguieran lo que desean, alguien querría ser un taxista? ¿Y entonces quién conduciría los taxis?

"Tú y yo,
Sólo Dios sabe,
No es lo que elegiríamos
Que hacer."

Roger Waters! ¡El paraíso!

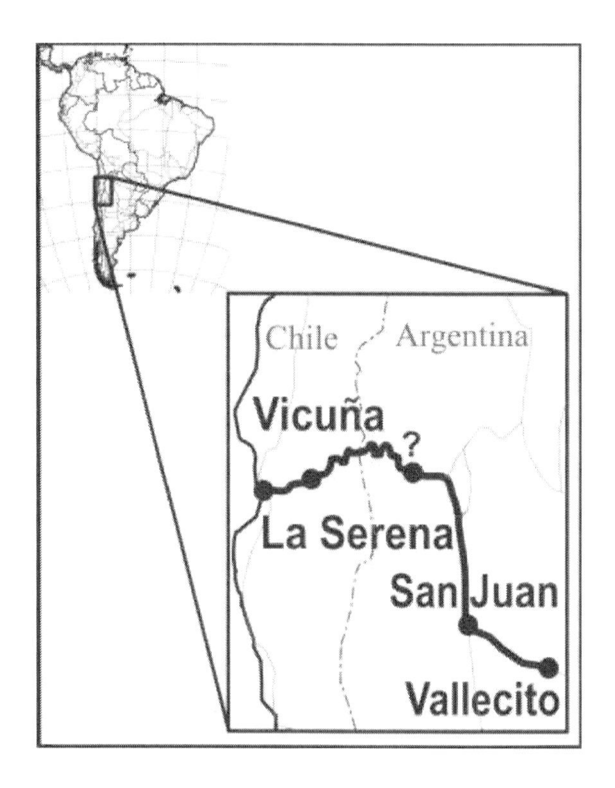

CINCO
ESCALERA AL CIELO

Tenía entre diez a quince horas de recorrer planeadas para el día siguiente. Paso de Agua Negra me estaba llamando. Me llevé tres o cuatro cucharadas de Gatorade a la boca y me enjuagué con vasos de agua. Cinco horas de sueño, y estaba listo para atar mi mochila a la motocicleta. Pensé en dejar una botella de ron en la estación de servicio para Juan, pero era muy temprano en la mañana para comprar algo.

Pasé una motocicleta en mi camino hacia la frontera de Chile-Argentina. ¡Nice! No era el único loco tratando de cruzar Paso de Agua Negra solitario en una motocicleta. Estaría en el puesto de control chileno dentro de un par de horas. El guardia en el puesto de control me contó que la actual frontera estaba deshabitada y que no había nada excepto el camino por los siguientes doscientos kilómetros. Tenía que cruzar los Andes para reunirme de nuevo con la civilización. ¿Habría acumulación a lo largo del camino? ¿Lo recorrería bajo una tormenta de nieve? ¡Allí no había Canal del Tiempo! (The Weather Channel)

Esperaba que fuera un recorrido de resaca desde el nivel del mar hasta los cuatro mil quinientos metros y el echarme para atrás resultó ser uno de las recorridas más impresionantes de mi vida. Mientras comenzaba a subir las montañas, me di cuenta de que estaba recorriendo a través de las cordilleras más coloridas que jamás había visto. Los dioses de los volcanes habían elegido el lienzo de los Andes para producir una imponente pieza de arte moderno en el Paso de Agua Negra. Era tan misterioso como fácil de apreciar. Estaba recorriendo a través de un enorme collage de montañas rojas, verdes, amarillas, marrones, y negras, creado por los volcanes. Con cada pincelada de un nuevo color, los volcanes estaban tratando de decir que ellos no eran tan nefastos como la gente los hace ver. Mientras me acercaba a la cumbre de una de las montañas, daba paso a un enorme lago de agua negra. En la parte más alta de los Andes, observando aquellas montanas coloridas, y fijando la mirada en los cañones profundos y el agua negra, me sentí mareado. Me quede sin palabras ante la belleza de todo aquello. Compartí un momento silencioso de reflexión con las aguas tranquilas y resumí mi travesía cuesta arriba a través de los cañones de montañas rojo-oscuras. Como si esto no bastara, noté picos vestidos de nieve en la distancia con un glaciar cayendo de uno de los picos. Por primera vez en mi jornada, deseé poder sentarme y disfrutar del escenario. Deseé que alguien más hubieses estado manejando la motocicleta.

Finalmente alcancé la civilización al otro lado de los Andes después de una extenuante recorrida de entre siete a ocho horas a través de los caminos de tierra de los Andes. ¡Argentina—la tierra de Perón y Maradona! La oficina de inmigración era un puesto fronterizo de dos cuartos en el medio de la nada. Los cuatro oficiales tenían sus orejas pegadas a una radio chica en uno de los cuartos. Estarían siguiendo un partido de fútbol local. Le llevo entre cinco y diez minutos al oficial de inmigración argentino despegar sus orejas y agarrar su sello. Comenzó a hojear el pasaporte como si fuera un artefacto de museo. Empezó a preguntarme acerca de cada estampado de mi pasaporte. Le conté que mis padres vivían en India y que yo los visitaba frecuentemente, me pregunto por qué mi lugar de nacimiento era Chicago. Cuando traté de contarle que mis padres habían estado en Estados Unidos cuando yo nací, pasó la resolución de que yo era un caso complicado.

Cambió la dirección del interrogatorio. Ahora quería saber por qué había visitado Japón. Cuando le conté que era un estudiante de neurociencias y que había visitado Japón para asistir a un taller, se dio cuenta de que el por qué mi lugar de nacimiento era Chicago resultaba más fácil y que tratar de entender mis antecedentes académicos era mucho más complicado. Después de un intento fallido de entender lo que era la neurociencia, estampó mi pasaporte y me dejó ir. Encontré un hospedaje de tres dólares por noche y pagué cinco dólares por una cena pesada de carne argentina. Era un aderezo perfecto en un día perfecto. Era un hombre feliz.

Recorriendo los Andes hacia arriba y hacia abajo en un día me había agotado. La mañana siguiente me tomé mi tiempo para levantarme y montarme en mi motocicleta de nuevo. En menos de una hora, estaba en la histórica Ruta Cuarenta, hecha famosa por el Che Guevara. Yo esperaba ver un montón de conductores de motocicletas en la Ruta 40, pero quedé completamente decepcionado. Excepto por un auto o camión ocasionales, el camino estaba casi vacío. Una hora más tarde, una ciudad que tomaba una siesta colectiva me dio la bienvenida a San Juan. Era la mitad del día, pero la ciudad estaba muerta. El clima estaba lindo, y no me sentía cansado. Solo necesitaba algunos pesos argentinos para llenar el tanque y continuar, pero los bancos estaban todos cerrados. Tenía dos horas para matar el tiempo. Después de un almuerzo lento y un paseo aletargado alrededor de la plaza, estaba finalmente empezando a oler algunos pesos argentinos.

La siguiente parada era Córdoba. Estaba al menos como diez horas de San Juan. Revise la hora. Eran casi las cinco de la tarde. No era imposible. Con Vallecito a solo una hora de distancia, me decidí a emprender mi largo recorrido hacia Córdoba.

El santuario en el Vallecito resulto ser el Jai Mata Di argentino. La leyenda cuenta que la mujer que murió allí comenzó en San Juan y siguió a su marido guerrero hasta Vallecito. Dio su último respiro sobre la montaña mientras amamantaba a su hijo—o algo así. ¡Era difícil de decir como aquello se interpretaba como que ella era el amuleto de la buena suerte de todos los camioneros y viajantes—como si a la gente le importara alguna lógica cuando se trata de amuletos de buena suerte!

Era un santuario extraño. Los seguidores no habían dejado ningún espacio sobre los pilares o el techo de la pasarela. Todo lo que podía ser utilizado para decorar camiones estaba colgando de las escaleras, rieles, y paredes del santuario. Era el primer lugar en la tierra donde había visto gente dedicando sus patentes a una deidad. ¿El Departamento de Motores y Vehículos del cielo?

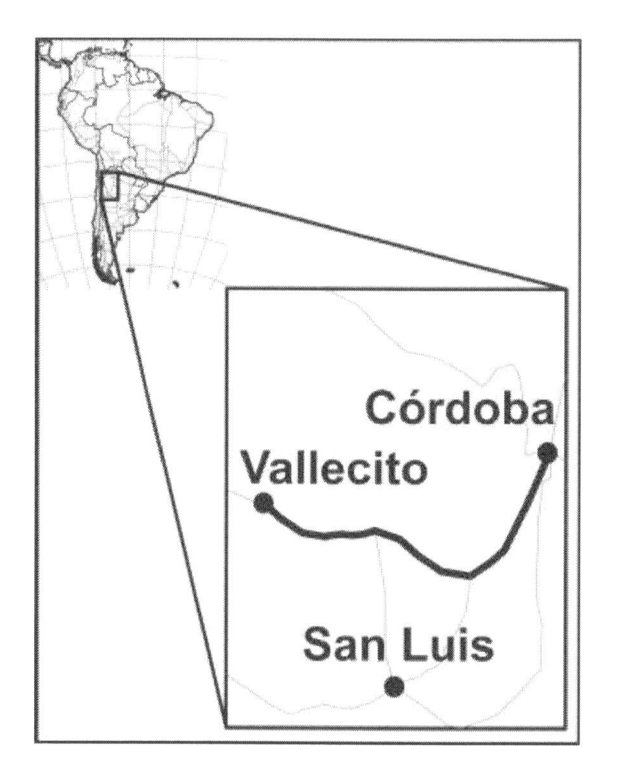

SEIS
UNA CAJA DE VIDA

Iba a ser otro largo recorrido. Córdoba estaba a diez horas de distancia. Comencé temprano en la mañana. Mientras dejaba Vallecito, note a una pareja haciendo dedo en la intersección de la ruta local y la autopista: un hippie y un semi-hippie. El hippie pequeño en mi paró y les preguntó hacia donde se dirigían. “Buenos Aires”, me dijeron al unísono. Mientras se me aproximaban, les dije que iba hacia Córdoba y que no me importaba darles un aventón. El hippie tomó la oferta. No tenía casco, pero de todas formas le pregunté. Me dijo que no le importaba y ato sus cosas, una caja chica de cartón, sobre mi espalda. No tenía idea de que estaba por comenzar el tramo más memorable de mi jornada.

Dentro de media hora, estábamos por entrar a la provincia de La Rioja. No esperaba que la policía de puesto de control nos parara por la ley del casco. Pero allí estaban, pidiéndonos desacelerar. El policía nos pidió pararnos al costado. Después del ritual inicial de examinar todos mis papeles, el policía me pregunto por qué mi amigo no estaba usando casco. Intenté pretender que no entendía la pregunta, pero me di cuenta de que estaba en algún problema. Intenté la estrategia del "Hablo poco español", pero ese era exactamente el tipo que el policía estaba buscando. Me envió a otro policía, que estaba sentado en el puesto de control, y él resumió su trabajo de patrullaje.

El policía en el puesto de control examinó mis papeles y le pidió a mi amigo por su documento de identidad. No tenía ninguna. "¿Amigo?" el policía me preguntó, mientras tomaba notas del nombre y dirección de mi amigo. Le dije que había levantado al hippie en San Juan. El policía comenzó a decirme que había quebrantado la ley por permitir al hippie acompañarme sin usar un casco. Cuando el policía se dio cuenta de que el español se estaba poniendo más complicado para mí, me puso rápidamente el reglamento en la cara. Apuntó la cláusula en el libro que decía que les debía trecientos pesos de infracción. Me dijeron que tenía que regresar a San Juan, pagar la multa, y mostrarles el recibo si es que quería cruzar a La Rioja. ¡Esa era mi primera pista! Había espacio para la negociación. Tenía que ser cuidadoso. Estaba en un país extranjero. No quería ser descubierto sobornando a un oficial de la policía en un país donde apenas hablaba el idioma local. Pero definitivamente había espacio para negociar.

Puse mi rostro de desamparado e intenté decirle que no conocía la ley. "Lo siento. Necesito llegar a Córdoba esta noche," le dije. El policía actuó como si no estuviera interesado. Indagué más profundamente y encontré otra línea útil. "Yo se ahora. No más infracciones." El policía cambio su línea de cuestionamiento y comenzó a preguntarme acerca de mis padres. ¡Otra pista! Después de sermonearme por diez minutos sobre los peligros de conducir sin casco, tiro su primera oferta. Me dijo que podía pagar trecientos pesos en San Juan o abonar ciento cincuenta pesos en el puesto de control. "Estudio en Estados Unidos. Tengo poco dinero," estaba tratando de no reírme. Intentó sugerirme que podía también pagar en dólares. Después de otros cinco minutos, finalmente me pregunto cuántos pesos tenía. ¡Ahora sí!

Se enloqueció cunado me escucho decir que solo tenía veinte pesos. Empezó a pretender que ya había tenido suficiente de mí y saco su libro de notificaciones. Cuando le rogué de nuevo aceptar los veinte pesos y dejarme ir, me pidió que regresara a San Juan, llamara a mi papa en la India, y le pidiera enviarme algún dinero, pagara la multa, y luego regresara.

Mientras más irracional se iba poniendo, yo estaba más cerca estaba de conseguir un acuerdo. Sacó su bolígrafo, pero paro justo antes de que empezara a escribir una citación, seguido por otro sermón sobre la seguridad en las rutas. Y mi rostro arrepentido finalmente ganó la batalla. Aceptó los veinte pesos que le había ofrecido y me dijo que dejara a mi amigo en el siguiente pueblo. ¡El aroma dulce de la victoria!

Cuando dejaba el puesto de control, no pude más que preguntarme si había un código universal de corrupción. Los lingüistas debaten si el lenguaje y la gramática están codificados en nuestros genes. Pero me interesaba ver que policías separados por un continente entero y sin ataduras culturales hacia el otro habían surgido con el mismo procedimiento para condenar violaciones de tráfico—por una pequeña multa. La fachada inicial de incorruptibilidad, las alternativas irrealistas, la indignación en la contraoferta, los sermones sobre la importancia de la conducta legal, y luego el dinero cambia de manos. ¿Barrera idiomática? ¿Qué barrera idiomática?

Paramos para almorzar en la villa siguiente. Era solo un montón de sombreros distribuidos en el medio de las planicies sin fin de Argentina. Estaba agradablemente sorprendido de descubrir que uno de los sombreros era un restaurante, un comedor pequeño. Me preguntaba si mi amigo iba a pagarme por el soborno. más importante aún, quería decirle que no tenía la intención de pagar sobornos durante todo el camino hacia Córdoba. Mientras entrabamos, una anciana salía y nos daba la opción de carne o pollo. Elegí carne. ¡Estaba en Argentina! El mostrador estaba alineado con todo tipo de botellas llenas con gaseosa. Elegí la versión local de Sprite. Mi amigo no estaba ordenando nada. Me dijo que no tenía hambre y me ofreció un peso para compartir la bebida.

Mientras esperábamos la comida, comencé mi tarea Herculina de tratar de entender cuáles eran sus pensamientos acerca de continuar. Coimeando cada policía en cada punto de control era un negocio peligroso. Después de cinco minutos de jugar *Lost in Translation*, recurrimos al lenguaje de señas. Me dijo que la manera de hacerlo funcionar era para él bajarse un kilómetro o dos antes de los puestos de control, y para mí cruzar el puesto de control por mí mismo, esperar por él al otro lado, y para él cruzar el punto de control y unírseme de nuevo. No le respondí a aquello. Eran diez o doce horas de recorrido y él quería que me gastara una hora extra en cada punto de control. Continuamos con lo usual "¿De dónde eres?" y "Qué es lo que haces?" mientras la dama estaba sirviéndonos el churrasco. Era un artista en apuros de Mendoza y hacía dinero vendiendo pulseras y collares. Pensé que el solo estaba visitando Buenos Aires y regresando. "¿Por qué Buenos Aires?" le pregunté. Me dijo que era un nómada. No tenía un hogar o ciudad de residencia. Estaba planeando pasar unos meses en Buenos Aires antes de regresar a Mendoza. Hmmm, sonaba como un hippie de verdad.

Aparentemente, su familia estaba llena de músicos. Y no había escuchado de la neurociencia. Tenía una novia en Mendoza y otra en Buenos Aires, y todos ellos parecían estar disfrutando de sus vidas. Ellas no estaban preocupadas de sus futuros, ni interesadas en la seguridad laboral, y no estaban celosas acerca de la otra mujer. ¡Todo estaba en armonía!

Para cuando llegamos a la música, había terminado mi ensalada y churrasco—el mejor que había tenido en mi vida. La dama también nos sirvió algo de pan, el cual no había tocado. Unos minutos más tarde, mi amigo me pregunto si iba a comer el pan. Cuando le dije que no, se abalanzó sobre él. Lo remojó en el líquido acuoso de mi plato y termino los dos trozos de pan. Yo estaba desconcertado por ello. ¿Por qué, entonces, se había rehusado a compartir mi churrasco cuando se lo ofrecí? ¿Acaso estaba tratando de ser modesto? ¿Era realmente tan pobre? ¿El solo tenía un peso consigo? Maldito, yo estaba siendo egoísta. Tenía que llevarlo a Córdoba.

Cruzar los otros dos límites fue divertido. Tenía el sentimiento de ayudar un artista en apuros mezclado con una sensación de tener emociones baratas. Estábamos parando cada media hora o cuarenta y cinco minutos para descansar nuestros traseros y, por supuesto, en los límites provinciales. El enrollaba sus propios cigarrillos, los gozaba hasta la última pitada, y volvíamos al camino de nuevo. Intenté empezar una conversación sobre los políticos y la mujer presidente de Argentina. Pero el claramente no estaba interesado en los problemas de haraganes como los políticos. La música y el arte eran sus tópicos. Me contó de los instrumentos que los miembros de su familia tocaban. Todos sus amigos eran artistas: pintores, escultores, artesanos, artistas. Ninguno estaba preocupado acerca de la siguiente comida; ninguno estaba preocupado acerca de pagar las facturas, acerca de los aportes jubilatorios, acerca de guerras o crisis económicas. ¡Era tan simple y sencillo como podía ser!

Compartíamos la puesta de sol con nuestros amores—él con su cigarrillo cuidadosamente enrollado y yo con mis pensamientos—mientras recorríamos una montaña. Eran las diez en punto de la noche cuando llegamos a la cima de la montaña. La temperatura había bajado significativamente, y estábamos aún a setenta a ochenta kilómetros de Córdoba. Él ya no necesitaba mis anteojos de sol, pero definitivamente necesitaba una chaqueta. Y yo necesitaba un café para sobrevivir la ultima hora de recorrido. Paramos en un área de descanso con un restaurante y un almacén. Desempaqué mi mochila para sacar una chaqueta para él. Él fue directamente al almacén y le mostró al dueño algo de su arte. Mientras le daba mi chaqueta, él le daba cinco o seis collares de su caja al dueño que regresé con una bolsa marrón llena de empanadas calientes recién hechas. Se puso mi chaqueta y me ofreció una de las empanadas en la bolsa. "¿Es esa tu cena?" le pregunte casualmente mientras terminaba mi empanada. El avergonzado asintió con la cabeza mientras iba por otra empanada. Me llevo unos minutos darme cuenta, pero él había intercambiado algo de su arte por comida. Parecía que él realmente no tenía ningún dinero. Y yo recién había robado una porción de su cena. ¿Debería regresarle la empanada sobrante? ¿O seria irrespetuoso? Eche una ojeada dentro de la caja. Todo lo que podía ver era una muda de ropas, algunos collares, y algunos brazaletes. ¡Eso era todo! Como dicen, la tierra era su cama y el cielo era su techo.

Me alejé silenciosamente, conseguí una taza de café, y me senté en las escaleras. Mi mano izquierda estaba sosteniendo mi cabeza, mi mano derecha empujaba el café dentro de mi cuerpo, y mis ojos estaban mirando fijamente sin comprender el cielo vacío. ¿Cómo sobrevives de una caja?

La última hora/hora y media fue una arrastrada. Podía sentir el efecto del café muriendo mientras nos aproximábamos a las luces de Córdoba. Después de dar retumbos y un par de vueltas equivocadas, finalmente arribamos a la plaza a la que él quería ir. Otros miembros de sus hermanos se aproximaron a nuestra moto mientras él estaba regresándome mi chaqueta y desempacando. El otro tipo no parecía conocer a mi amigo. Pero les llevo menos de un minuto pasar de ser extraños a ser hermanos. Minutos más tarde, un nuevo hermano me dirigió su atención. Comenzó bombardeándome con preguntas. Adivino que estaba preguntándome si estaba buscando por un lugar para dormir. Estoy seguro ellos me hubieran aceptado por una noche. Le agradecí por su oferta y le conté que estaba planeando pasar la noche en un albergue. Mientras estaba guardando mi chaqueta en la bolsa, mi amigo me dio un abrazo y un beso en la mejilla. ¡Mi primer amigo argentino!

Chequeé mi mapa y aceleré la máquina. Observé a mi alrededor y vi a mi amigo unirse a un grupo de cinco o seis hippies en la esquina de la plaza. Mientras me alejaba, los pude ver a todos haciéndome reverencias. Parecía que mi amigo les había ya contado acerca de nuestra jornada juntos. Ellos estaban probablemente tratando de expresar gratitud. Y yo aún estaba sintiéndome avergonzado de haber aceptado una de sus empanadas. Les saludé y les miré de regreso cuando estaba por doblar en la esquina. Vi a mi amigo de rastas con sus manos apretadas sobre su cabeza. Sí, había creado una relación no escrita.

En el albergue, lavé mis medias apestosas y me arrojé en la litera de arriba. Mientras cerraba mis ojos, comencé a pensar acerca del artista. ¿Por qué aquella experiencia había sido tan especial? La pobreza no era algo nuevo para mí. ¡Había pasado la mitad de mi vida en India! La idea de la gente pobre viviendo dentro de sus necesidades y no quejándose acerca de ello tampoco era nuevo para mí. ¡Había pasado la mitad de mi vida en India! Me llevó a mis días de adolescente ingenuo de voluntariado para la Misión Nacional de Alfabetización. Agarraba los libros, la pizarra, y los lápices que la escuela me daba y me dirigía directo hacia la de un pastor de vacas. El solía vivir con su esposa y dos niños en una choza pequeña. Mantenía a su familia cuidando vacas y vendiendo leche cada día. A su edad, carecía de la motivación y la energía para salir y educarse a sí mismo. Entonces estaba yo, yendo a su choza dos veces por semana, enseñándole cómo escribir, revisándole su tarea, y agregando palabras a su vocabulario.

No había escapatoria del olor a estiércol. Las vacas estaban allí, atadas a la choza. Llamando a la choza limpia era forzado. Pero la sonrisa amplia en su rostro después de aprender cada nueva palabra valía todo el esfuerzo. Había solo una bombilla de luz tenue en toda su choza. Pero su rostro resplandeciente hacía que toda la choza se viera más brillante. Era un sentimiento hermoso, un sentimiento de añadir una nueva dimensión a su vida—enseñándole como sostener un lápiz, enseñándole a sus músculos a hacer todos aquellos garabatos llamados letras, confiriéndole el poder de leer y escribir—para salir allí y aprender cosas por sí mismo, a entender cómo funcionaba el mundo a su alrededor.

Luego, como eso, nos aproximamos al último día de nuestra escuelita. Era tiempo de decir adiós. El me leyó una historia completa del libro de Esopo y firmé su nombre en una hoja blanca de papel. Compartimos un abrazo, y me alejé.

Había sido una gran experiencia de aprendizaje para mí. Había aprendido qué tan difícil era enseñar a alguien habilidades que nunca había experimentado en mi proceso de pensamiento consciente—poniéndome a mí mismo en los zapatos de mi estudiante, ascendiendo en su preparación académica; animándole acerca de la siguiente sesión; asegurándome de que no se diera por vencido. Pero—eso era todo. Sus medios limitados, su vida simple, su actitud positiva, la hospitalidad de su familia—estaba todo allí para que yo lo viera. Pero estaba completamente ajeno a todo aquello. Como estudiante de secundaria, no estaba tan consciente de la imagen más grande. Para mí, toda la experiencia era una distracción placentera. Edificar mi propia vida era más importante que entender su vida. Mientras crecía en una típica familia Brahmán súper educada y protectora, la búsqueda de buenas notas y títulos permanecía como objetivos supremos. Jugando el rol que la sociedad había elegido para mí era todo lo que se suponía debía hacer. Todo lo demás era secundario.

Y ahora, estaba este solitario viaje por carretera. Habiendo pasado veintiocho años adquiriendo títulos, había aprendido un montón sobre cómo las máquinas y el cerebro funcionan. ¿Pero cómo funciona la vida? Tomando un descanso de mi vida robótica era ayudarme a entenderla. Era mi evolución personal. Como el proceso azaroso de las mutaciones llevando a las especies a ser más fuertes, más rápidas, y más inteligentes, mi búsqueda sin ayuda y chocar contra extraños era ayudarme a convertirme un ser humano mejor.

Encontrándome a mi amigo no sucedió al azar. No sé dónde durmió aquella noche. Definitivamente no era tan confortable como la cama del albergue que conseguí. No sé dónde él desapareció la noche después. Por alguna razón, yo solo quería verle de nuevo. No tenía nada que decirle a él. Pero aún quería verle de nuevo, verle vender su arte y hacer buen dinero—suficiente dinero para comprar su próxima comida, tal que él no tuviera que esperar por las sobras de alguien más. Fui a la misma plaza al día siguiente y noté que otros artistas que habían montado su negocio sobre piezas pequeñas de ropa. Pero no pude encontrar a mi amigo. No lo vería nuevamente.

* * *

¿Qué necesitamos para sobrevivir—una bolsa llena de cosas para cuarenta días—o una caja repleta de cosas para una vida? ¿Y por qué nos sentimos tristes cuando no conseguimos lo que deseamos? ¿Realmente necesitamos las cosas que deseamos? ¿Dónde trazamos la línea?

Siempre me preguntaré donde está mi amigo y cómo está. Toco mi vida y me enseno una de las lecciones más grandes. ¿Se preguntará acaso si terminé mi viaje? ¿Me recordará? ¿O solo fui otro tipo que le ayudó a ir de Vallecito a Córdoba? Estoy seguro de que habría encontrado alguien más si yo no le hubiese ofrecido llevarle. Quizás no fue tan especial para él. Sin embargo, yo no iba a olvidarle a él.

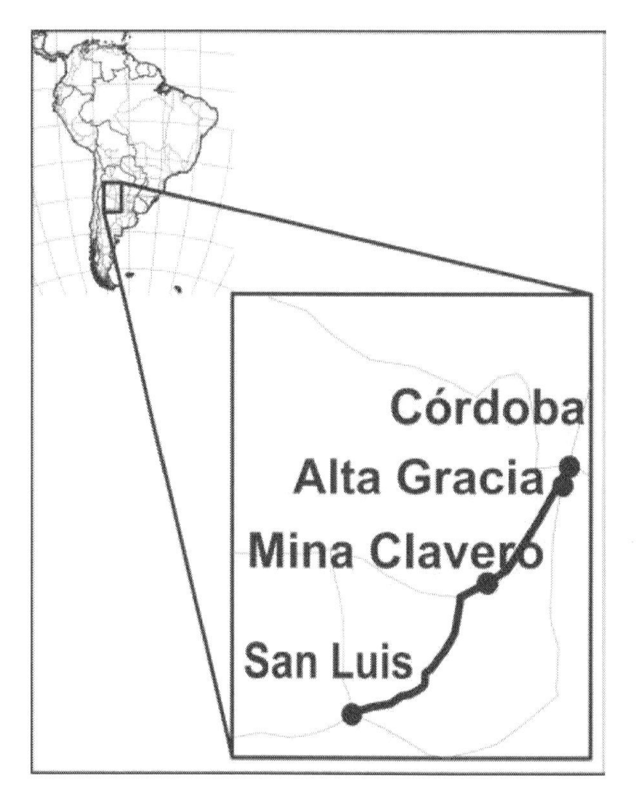

SIETE
REUNIÓN DE MENTES

El largo camino, los cambios bruscos de clima, y el compartir el asiento pequeño con mi amigo me había desgastado. Me llevo más de doce horas abrir mis ojos de nuevo. Me arrastré a mí mismo al sofá de la sala de espera.

Era la tercera semana de mis vacaciones, y todavía estaba a setecientos kilómetros lejos de Buenos Aires. Estaba holgazaneando en la sala de espera, observando las noticias y mirando los mapas. Setecientos kilómetros era mucho. Estaba contemplando dar la vuelta y regresar, cuando un tipo blanco alto con el pelo castaño enrulado entró.

"Quieres comer?" me preguntó.

"Hablo poco español," le contesté, poniendo mi cara de tonto por millonésima vez. Entendía comida, pero todavía no había hecho la conexión comer-comida.

"¿Desayuno?" retrasó su pregunta. Había leído esa palabra en todos los menús de los restaurantes, y sabía que significaba breakfast.

"Sí," le contesté. No estoy seguro de que le hizo pedirme que me uniera a él para desayunar. Y no sé por qué acepté unírmele cuando mi español era tan malo. Quizás fue porque sonaba mejor que mirar las noticias de CNN por mí mismo o porque solo trataba de evitar pensar en dar la vuelta. Fuera lo que fuese, comencé a seguir al brasileño larguirucho bajando las escaleras. ¡No tenía idea de que estaba entrando a una de las amistades más intrigantes de mi vida!

Nos unimos a otros tres tipos esperando por nosotros: un suizo, un chileno, y un uruguayo. Era una mezcla interesante: un contador brasileño trabajando en Buenos Aires, un banquero suizo trabajando para el Banco Suizo, un maestro chileno trabajando con chicos con necesidades especiales, y un estudiante de antropología uruguayo. Estábamos todos en nuestros despreocupados veintes—buscando chicas, buscando inspiración, buscando un escape de la rutina diaria, buscando en nosotros mismos, o simplemente flotando alrededor y tropezando en la gente.

La panadería quedaba a sólo dos cuadras. Para cuando llegamos a la panadería, Miguel, el brasileño, se las había ingeniado para pedir direcciones a una docena de chicas. Parecía un típico muchacho cercano a los veintes, tratando de entablar conversación con cada chica con la que tropezaba, esperando que una de las conversaciones lo llevara a algo más. Con mi vasto conocimiento de español, yo había tomado el rol de caminar y preguntar al inofensivo las ocasionales preguntas "¿De dónde eres?" Con nuestra elección del atuendo, era obvio que no éramos de Córdoba, así que, cuando el pedía direcciones, algunas mujeres continuaban caminando sin siquiera notar la existencia de mi amigo brasileño. Algunas paraban, contestaban las preguntas con desconfianza hirviendo debajo de sus rostros calmos, y se alejaban. Y luego, había alguno que se permitía largas conversaciones, sus velos de desconfianza daban paso a la sorpresa placentera y a la excitación de encontrar cinco amigos de cinco países diferentes. Era divertido observar las actitudes de todas las mujeres hacia nosotros. Millones de humanos, sobre miles de años, han desarrollado cientos de culturas y religiones. Instintos básicos de macho y hembra—¡Nada ha cambiado!

Estábamos discutiendo nuestros planes de viaje sobre el desayuno, cuando Miguel y yo nos dimos cuenta de que íbamos en la misma dirección. Le pregunté si él quería unírseme en mi moto. Me dio una mirada de ¿me estás bromeando? y paso al segundo tópico. Minutos más tarde, él tenía una mirada de entusiasmo nervioso en la cara. Me empezó a preguntar acerca de la motocicleta, las condiciones del camino, y el precio de un casco nuevo. Continúo posponiendo su decisión, en parte porque él nunca había montado una motocicleta antes. Pero estaba definitivamente interesado. "Seguro?" continuó preguntando cada pocos minutos. Le dije que tenía veinticuatro horas para decidir.

Comenzamos a discutir los planes del día. El querer ser hippies en todos nosotros decidió evitar las plazas turísticas y monumentos de Córdoba y nos dirigimos al lago y a una cascada cercana. Nos subimos al siguiente autobús hacia la zona de los lagos. Mientras el resto de nosotros estaba ocupado en nuestros asientos, Miguel estaba ocupado charlando a los locales en el autobús. Él se daba maña para entablar conversaciones con cerca de veinte a veinticinco personas en una hora de viaje. No eran solo chicas. Jóvenes y viejos, blancos y morochos, hombres y mujeres—no había discriminación. Todos estaban sonriendo, frunciendo el ceño, furiosos, quejándose, y riéndose con él. Ocasionalmente nos apuntaría y nombraría nuestros países. Aquella era nuestra única contribución a su discusión. Demonios, ¡Yo tenía que aprender español!

Pasamos unos minutos en la orilla del lago y comenzamos nuestra excursión hacia arriba del riachuelo para llegar a las cascadas. Lo que debió ser una excursión corta se convirtió en una dura experiencia de cuatro horas. ¡No me importó—cualquier cosa excepto montar la motocicleta! Mientras hacíamos los últimos pasos hacia la cascada y el lago, los cielos se abrieron, y todos comenzamos a correr para guarecernos. Después de asegurar todas nuestras pertenencias, el variado equipo conmigo comenzó a prepararse para su ritual de fumar hierba. Y entonces, las historias comenzaron a flotar: la primera vez que había fumado hierba, la última vez que ellos habían fumado hierba, los intentos para dejarla, las razones para dejar de fumarla. Luego vino la fanfarroneada ritualista: los desafíos de viajar con hierba y las soluciones. Yo solo estaba parado allí, tratando de evitar fumar el humo que emitía de ellos. Después de cuatro horas de excursión y fumar hierba, rastreamos nuestro camino de regreso al albergue. En nuestro regreso, busqué a mi amigo hippie en la plaza. Estaba un poco decepcionado de no encontrarle. Pero era de esperarse. Era tiempo de regresar al albergue. Después de una larga ducha caliente y un par de platos de pasta, estaba listo para acostarme. Le dije a Miguel que tenía hasta las nueve de la mañana para decidirse y comprar el casco. Eran las diez de la noche cuando finalmente cerré mis ojos.

A la una de la mañana, fui forzado abrir mis ojos de nuevo. Todo el albergue se dirigía hacia un club. "estoy cansado" o "Debo irme temprano en la mañana" eran excusas pobres. Suiza, Chile, Brasil, Uruguay, India, Canadá, Inglaterra, ¡y España—la delegación de las Naciones Unidas estaba lista para ir a bailar!

Mientras caminábamos las calles de Córdoba, las cafeterías, bares, y salones estaban todos repletos. Es una ciudad de universitarios—siempre joven. Pero era tiempo de verano. Esperaba que los estudiantes en Córdoba estarían todos de vacaciones. Sin multitudes, clubes vacíos—que me darían una chance de regresarme temprano y obtener suficiente descanso para la larga jornada hacia San Luis al día siguiente. Pero la cola larga afuera de nuestro club apagó todas mis esperanzas de irme a dormir temprano. Eran las seis de la mañana cuando el sol finalmente comenzó a convencer a la multitud de terminar el día—o, la noche. Después de una parada rápida para algunos perros calientes, finalmente regresamos al albergue a las siete de la mañana. Ahora, ¡aquello es lo que yo llamo festejar! Escuche muchos economistas hablar acerca de la globalización y los ciclos de trabajo de veinticuatro horas. ¡Mientras tanto, países latinoamericanos habían perfeccionado el arte de los ciclos de vida de veinticuatro horas!

Tenía dos horas para irme. Desperdicié una hora en el internet y empecé a empacar mi bolso. Yo pensé que después de un día entero de excursión, y una noche llena de festejo, Miguel no se despertaría hasta el mediodía. Pero me impacto cuando salí del baño, y lo vi en la sala de espera. ¡Él me estaba pidiendo que me apurara! Ya había empacado sus bolsos antes de irse a la cama. Todo lo que el necesita era un casco.

Nuestra primera parada fue Alta Gracia, el pueblo de la

adolescencia del Che Guevara. Estaba a solo 30 kilómetros de Córdoba, pero comenzó a llover cuando estábamos en las afueras de Córdoba. No era el mejor momento para darme cuenta de que mi chaqueta no era a prueba de agua. Para cuando llegamos a la casa del Che, estábamos mojados hasta los huesos.

Miguel ya estaba repensando acerca de toda la idea. Había empezado a pensar acerca de regresar a Córdoba y agarrar un autobús a San Luis. Pero de algún modo el museo, la réplica de la motocicleta, los mapas de las rutas que el Che había recorrido, y todas las anécdotas de los viajes del Che le inspiraron a permanecer en el plan de la motocicleta. Esperamos que la lluvia disminuyera un poco y nos montamos en la motocicleta de nuevo. El entusiasmo inicial no duró mucho. La fatiga y el cansancio la reemplazaron. Después de una recorrida dura de cuatro horas a través de montañas peligrosas y vientos fríos hasta los huesos, estaba ya listo para chocar al molesto camión en frente de nosotros para terminar con la tortura. Con suerte, el pueblo hotelero de Mina Clavero vino a nuestro rescate. Después de otra cena con carne (a un precio artificialmente inflado), estábamos ambos listos para otras doce horas de sueño.

Al día siguiente la pasamos haciendo turismo de las cosas que Mina Clavero tenía para ofrecer. Era un pueblo interesante: paisaje rocoso con un rio que lo atravesaba. Todo tipo de cascadas—altas y cortas, amplias y estrechas—creaban estanques de todas las formas y tamaños. Gente de todas las edades caminaba a lo largo del boulevard central. Era un típico pueblo turístico para familias.

Miguel estaba ocupado experimentando lo que Mina Clavero tenía para ofrecer, desde saltar del peñasco al agua hasta deslizarse a lo largo del rocoso lecho del rio. Mientras el deambulaba, yo estaba ocupado admirando la belleza de las chicas lindas de Buenos Aires que estaban bronceándose en las rocas a lo largo del rio. Él quería quedarse otra noche y mezclarse allí con la multitud de ricos. Desafortunadamente, yo no tenía tiempo ni la inclinación de pasar el rato con ellos. Terminamos el resto de las cosas de su lista y dejamos Mina Clavero al atardecer. Para cuando llegamos a San Luis, él estaba cansado de apretar su trasero en la mitad del asiento de la motocicleta. Había pasado demasiado dolor de trasero para darse cuenta de que el entusiasmo solo no era suficiente para atravesar el país en motocicleta. Pero también parecía feliz con el hecho de que finalmente vería a la chica que había conocido en algún concierto en Buenos Aires.

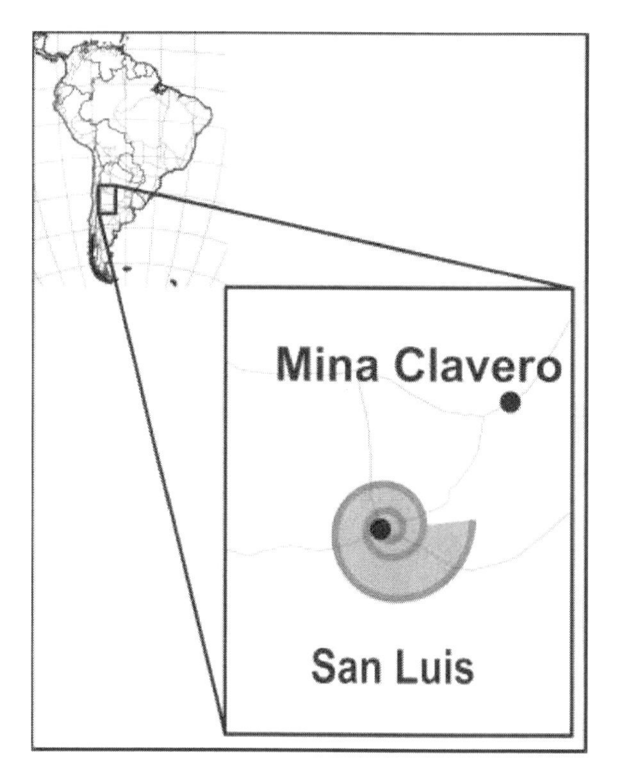

OCHO
JOVEN CONOCE UNA CHICA, FAMILIA ADOPTA UN NIÑO

Rendezvous—era el bar subterráneo favorito de Paula. Miguel y yo tomamos una siesta rápida y sacamos nuestra botella de ron. Nuestro albergue tenía un patio pequeño bien cuidado. Era una noche de una brillante luna llena, con cielos claros y aire fresco. Por alguna extraña razón, comenzamos a hablar sobre las estrellas y las constelaciones. Miguel creía en la astrología, y parecía conocer sus estrellas. Apuntó al escorpión en el cielo y comenzó contándome la historia detrás de la constelación. No nos llevó mucho darnos cuenta de que estaba perdiéndose en la traducción. Cambiamos a otra cosa mundana las chicas, el amor, y la lujuria (¿deseo?). Me contó cómo había conocido a Paula en un concierto de Sting en

Buenos Aires y empezó a cantar "Walking On The Moon". Como el alcohol en nuestros cuerpos, nuestra discusión sobre chicas y el amor comenzó a tomar todas las vueltas familiares y torcidas. El idioma de perder oportunidades, calles de una sola vía, persona correcta-momento equivocado, y persona equivocada-momento correcto no tiene barreras. Muy pronto la botella estaba vacía, y era tiempo de ir al bar subterráneo.

Era un lugar tenuemente iluminado con un pequeño bar en la esquina más alejada. Las mesas y sillas estaban dispersas sobre el piso. Todos aquellos futuros miembros de Black Sabbath, Green Day, y Wailers de Argentina habían traído sus propias cervezas, cigarrillos, marihuana, jeringas, y pastillas. Nos sentamos con nuestros humildes ron con colas y reasumimos nuestras eternas lecciones de idioma. Yo aprendí unas pocas palabras más en español, y Miguel aprendió unas pocas palabras más en inglés. Por centésima vez, él me contaba por qué estaba tan emocionado acerca de conocer a Paula. Ese fue el momento en que ella entré con su novio. Ella era tal cual Miguel la había descripto: una chica hermosa entrando en la adultez, con un rostro que aún mostraba su inocencia. Miguel estaba feliz de verla, pero no tan contento de ver a su novio.

Después de la ronda inicial de presentaciones, comenzamos a intercambiar nuestras historias. Para esa hora, había aprendido a contar mi historia en español. Ellos pasaron por las expresiones usuales de sorpresa y shock cuando la oyeron. Después de unos pocos minutos, Miguel se llevó a Paula hacia un costado para charlar con ella. Y el novio de Paula comenzó a preguntarme acerca de mi viaje. No tenía la intención de hablar sobre mi viaje o mi vida. Comencé a preguntarle acerca de su vida. Me contó que era un músico de jazz, un pianista. ¡Ahora, eso era mucho más interesante! Nuestra discusión cambio hacia la música clásica de la India. Estaba placenteramente sorprendido de aprender que el novio de Paula y uno de sus amigos, que se nos había unido, eran grandes fanáticos de Ustad Zakir Hussain y Ustad Amjad Ali Khan. Me empezaron a preguntar todo tipo de preguntas sobre la música clásica de la India. Comencé con lo básico. Pero por alguna razón, Miguel no estaba interesado en quedarse en el bar por más tiempo. El hecho de que Paula tenía un novio aceleró nuestra salida de allí. Mientras hablábamos de regreso al albergue, Miguel me contó que Paula quería acompañarnos al día siguiente. Me dijo que ella estaba enamorada del músico de jazz pero que aún quería conocernos. ¡Todavía abrigaba esperanzas!

Fue otra mañana perezosa después de un largo recorrido a San Luis y una larga noche de bebidas. Empacamos las tres cosas que Paula nos había pedido que trajéramos – la ropa de baño, el protector solar, y el dinero—y empezamos a caminar hacia la parada de autobús. Mientras estábamos esperando a Paúl, Miguel me contó que íbamos a pasar el día en su casa de verano, que estaba situada a una hora de San Luis. Con la mente dormida, no pregunte demasiado. Estaba entusiasmado acerca del hecho de que su novio no iba a estar allí, y yo solo estaba siguiendo la corriente.

Paula entró e interrumpió nuestra conversación acerca de ella. Subimos al autobús hacia el pueblo que fuera. Corrí hacia la última fila, un lugar divertido para observar la gente. El conductor se subió pocos minutos después. Mientras cerraba la puerta, un tipo de mediana edad vistiendo rayas azules subió a bordo. El empezó a caminar a lo largo del pasillo del autobús y largó un discurso en español. Me resultó muy difícil entenderle, cuando empezó a hablar de su familia. Estaba tratando de entender los más que podía. Sonaba cómo que hablaba de los días de gloria y orgullo argentinos, agregando Jesús María en su discurso después de una docena o más de palabras. Parecía bien vestido y aseado para ser un mendigo. Balbuceo por otros diez minutos, instándonos a ayudarle a criar sus hijos. Caminó de adelante para atrás del autobús, colectando todo el dinero que pudo, y se bajó en la siguiente parada. Fue un contraste extraño hacia la Argentina que me rodeaba: un país antes rico con una buena infraestructura, lindos albergues, y restaurantes elegantes, gente con casas de verano, adolescentes rockeros punk buscándose a ellos mismos, y mujeres hermosas gastando mucho dinero en apariencia. Pero, lejos del destello de los medios, programas televisivos glamorosos, y los estilos de vida de ricos de las novelas, parecía como si la fusión del reactor económico de los noventa aún estaba lastimando los pueblos pequeños. El mendigo del autobús, los artistas de las plazas, los niños trabajando en las playas de estacionamiento, la gente buscando en los tachos de basura por algo—lo que fuera—de valor. Parecía como que ellos aún tenían mucho por alcanzar.

El resto de la jornada no tuvo eventos, pero aún resultó interesante. Los celulares y los iPods aislaban la mitad de los oídos argentinos del mundo exterior. Mientras los ojos argentinos estaban ocupados convirtiendo sus miradas pasantes en largas miradas fijas. Era probablemente la primera vez que muchos de aquellos San Luisinos habían visto a un hombre de la India. Los estadounidenses habían inventado las sonrisas falsas para salir de situaciones inusuales de largas miradas fijas. Desafortunadamente, el resto del mundo realmente no ha sentido la necesidad de inventar algo como eso.

Aquellas miradas en el autobús me recodaron mis paradas en las estaciones de servicios. Era divertido ver las reacciones de los asistentes en las estaciones de servicio: desde Solo otro tipo, a Se parece a mí, pero no realmente, a demonios, ¿de dónde viene este tipo? para finalmente preguntar, "¿De dónde eres?" y terminar con un amable, "Estás loco". Los que atendían en las estaciones de servicios, al menos, hacían preguntas. Pero la gente en el autobús no estaba interesada en eso. Aquellos celulares y iPods de todos los ojos mirándome me habían robado de aquella ruta de escape. Todo lo que podía hacer era tratar de ignorar sus miradas.

La casa de verano de Paula era un bungaló bien mantenido rodeado por toda clase de árboles y enredaderas. Ella nos presentó a su abuela y a su prima antes de irnos para el río. Era una hora de caminata sobre una calle rodeada de casas de campo, el escape de verano de los argentinos ricos. La larga calle terminaba en pilares de rocas enormes. Fluyendo a través de aquellas rocas de todos los tipos y tamaños, el río me recordó el paisaje de Mina Clavero. El agua estaba fría, y el río tenía una corriente fuerte debido a las fuertes tormentas inusuales de las semanas anteriores. Así que nadar no era una opción. Buscamos una curva tranquila y una roca plana para tomar el sol y comenzamos a discutir la religión, cultura, y la historia de Argentina. Discutimos el pasado de Paula, el pasado de Miguel, y mi pasado. Mientras el interés en el hinduismo menguaba, Miguel empezó a preguntarle a Paula acerca de su novio. Recogí mis cosas y me mudé a otra roca plana, mientras él trataba de ser amigable con ella.

Miguel estaba en sus veintes, jugando alrededor de lo que estaba delante de él. Por lo que él me había contado, parecía tener sentimientos especiales para Paula. Pero, habiendo salido con media docena de chicas y considerando la posibilidad de más en el futuro, no estaba seguro de si estaba listo de contarle a ella sus sentimientos. Y, habiendo encontrado su primer amor en el músico de jazz, Paula no estaba segura de sí tomar la mano de alguien más, besar alguien más, o tener sentimientos por alguien más era apropiado. Mientras ellos estaban ocupados en crecer, yo estaba tendido al sol, ocupado en mi propio renacimiento después de veintiocho años. Había empezado con el lenguaje de señas. Tres semanas después, había incrementado mi vocabulario, aprendido a formar oraciones, y empezado a reemplazar mi rostro de tonto con unos que tenían significado. Estaba encontrando la felicidad en mis dificultades diarias más que teniendo dificultades en encontrar la felicidad. Me estaba sintiendo cómodo en mi propia piel. ¡Era un humano nacido de nuevo!

Me despertaron después de su cortejo de confusión, y regresamos a la casa de verano de Paula antes del ocaso. Era tiempo para el mate, la quintaesencia de la tradición argentina. Paula nos contó sobre los orígenes de la tradición y como estábamos permitidos a decir "no, gracias," y debíamos continuar tomando la infusión de hierbas hasta que el anfitrión dejaba de tomar. La guitarra salió. Ella comenzó tocando "Cluster One." ¡Otra fanática a muerte de Pink Floyd! Comenzamos a cantar a todos los clásicos de Pink Floyd y Bob Marley. Estaba transformándose en un atardecer perfecto.

El tío y la tía de Paula entraron mientras estábamos cantando "Wish You Were Here."

"Estamos aquí," su tía dijo, mientras se nos unía a la mesa de mate. Tomamos turnos alrededor de la mesa con otra ronda de presentaciones. Le tomó uno o dos minutos salir del shock cuando le conté de mi viaje. Ella me mostró la cadena del Che que llevaba colgada y me contó cuanto lo admiraba. Me habló de su deseo de comprar una motocicleta y simplemente ir. Estaba feliz de ser el tipo haciéndolo más que siendo uno de los millones que solo hablan sobre ello.

El ritual del mate había terminado. Los tíos de Paula se fueron y vistieron la recepción de una boda en San Luis a la que estaban planeando asistir. Mientras la tía de Paula se iba, toda bien vestida, me preguntó si podía tomarse una foto conmigo. ¡Guau! ¡Ahora era una celebridad! Una sesión de foto siguió. Nos ofrecieron llevarnos de regreso a San Luis en su viejo VW, y nosotros contentos aceptamos. Ahora teníamos un aventón para regresar, no estábamos apurados. Pasamos un poco más de tiempo con su abuela y su prima discutiendo nuestras culturas e historias. Con su hospitalidad y afecto, me hicieron sentir como si fuese parte de su familia.

Al anochecer, finalmente nos acurrucamos en el VW y nos dirigimos hacia nuestro albergue. Los tíos de Paula resultaron ser fanáticos de Bob Marley. Su tío inmediatamente comenzó a hacer tocar toda su música de reggae en el sistema de su viejo VW. Estábamos todos cantando, mientras la oscuridad comenzaba a cubrir cada pequeño detalle de las interminables llanuras. Al final del día, fue divertido encontrar a una nueva familia y un nuevo hogar miles de millas lejos de mi propia tierra y mi hogar adoptivo. Era otro paso en mi nueva vida.

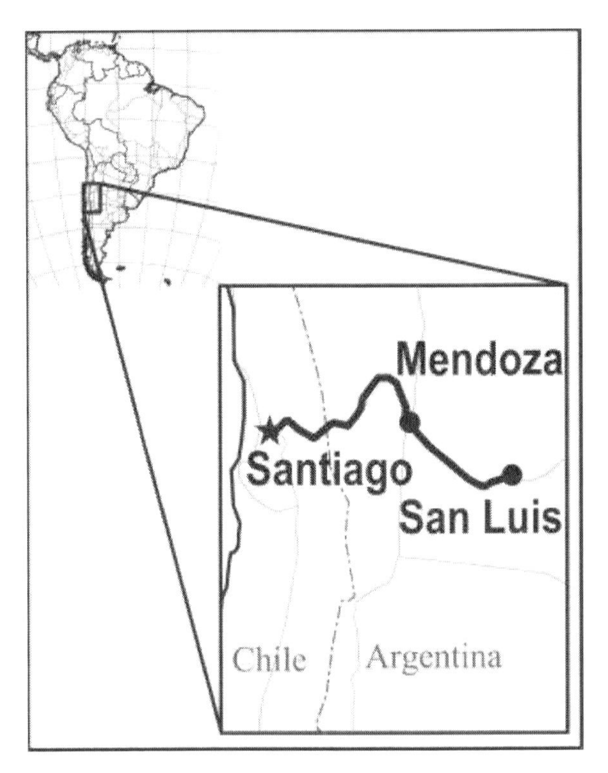

NUEVE
NO PUEDES QUITAR A LA INDIA DE UN HINDÚ

Mendoza resultó ser una aventura muy imperfecta. Miguel y yo llegamos a buen tiempo y teníamos más de la mitad del día para dar vueltas por el pueblo. El gerente del albergue nos había hablado entusiasmado sobre las excursiones a los viñedos, así que nos dirigimos derecho habia el Valle de Napa de Argentina. Desafortunadamente, era domingo, el día de Jesús María. Todos los viñedos estaban cerrados. Después de tres horas de recorrido alrededor del valle, Miguel finalmente se dio por vencido. Tomamos un almuerzo rápido, una siesta corta, y una ducha. ¡Vida Nocturna! Nuevamente Jesús María estaban en completo control. Fue sorprendente ver a Mendoza convertirse en un pueblo de fantasmas los domingos. Nos habían dicho que era una de las grandes atracciones turísticas en la Argentina. Pero parecía que había elegido el día equivocado.

Nos despertamos al día siguiente y fuimos a comprar las remeras del Che. Era mi última parada en Argentina antes de cruzar de regreso hacia Chile. Así que era tiempo de despedirme de Miguel. Él había tomado un trabajo nuevo en Brasil, y empezaba en una semana. Necesitaba un par de días para regresar a Buenos Aires y empacar sus cosas y luego algunos días más para volar de regreso a su ciudad. Cruzar la frontera y viajar a Chile jamás había cruzado su mente. Pero, después de alcanzar Mendoza, había comenzado a pensar acerca de ello. Además, sabía conducir una motocicleta. Sabía que no tendría otra oportunidad de hacer algo tan loco como eso. ¿Quedarse? ¿Irse? ¿Quedarse? ¿Irse? Ni siquiera llevaba su pasaporte con él. Todo lo que tenía era su documento de identidad de Brasil. Le preguntó al gerente del albergue si podía cruzar la frontera Argentina-Chile con su documento de Brasil. El gerente del albergue le dijo que valía la pena intentarlo. Llamó a su futuro jefe en Brasil y trato de negociar diez días más de vacaciones. Cuando todo quedo arreglado, regreso a nuestra habitación con una mueca enorme en su rostro y dijo, "¡Vamos, Santiago!". Llegamos a Net café para chequear nuestros correos electrónicos antes de irnos de Mendoza. Intercambiamos direcciones de correo electrónico para permanecer en contacto. Me envió una nota corta:

"El indiano más loco que conozco, ahhh vos sos el único que conozco. Ajja."

Abrí el traductor de Google, leí la traducción, y me reí fuerte en el tranquilo Net café.

Empezamos poco después del mediodía. El gerente del albergue nos había dicho que era una autopista pavimentada y dividida todo el camino hacia Santiago, doscientos kilómetros—cuatro horas, topes. Un hermoso lago turquesa arriba en los Andes agregaba una hora extra. Estaba poniéndose más y más frio, mientras ascendíamos hacia la frontera. Para empeorar las cosas, comenzó a llover cuando todavía teníamos mil metros para escalar. Con mis guantes completamente mojados, era imposible enfrentar el viento; aún a veinte o treinta kilómetros por hora. Había momentos en que no podía sentir mis dedos. Tuvimos que parar un par de veces para estar seguro de que no me estaba congelando.

Finalmente llegamos a la frontera a dos mil quinientos metros sobre el nivel del mar. No era de extrañar que estuviese tan frio.

Mientras el camino estaba pavimentado y bien mantenido, las colas en los puestos de inmigración eran largas. Mis papeles estaban todos en regla, y no me llevó tanto conseguir el estampado del pasaporte. Pero fue una historia totalmente diferente para Miguel. Tenía que hacer muchas maromas antes de que las autoridades chilenas estuvieran totalmente convencidas de que no era un brasileño fugitivo o un inmigrante potencial. Nos tomó casi tres horas en la frontera antes de que finalmente nos dejaran entrar a Chile.

Chile nos dio la bienvenida con un largo túnel seguido por curvas que se extendían hacia el infierno. Con suerte, las lluvias estaban disminuyendo, y se estaba poniendo más caliente. Pero los caminos aún estaban mojados y resbaladizos. Los camiones de transporte grandes y sus vueltas amplias estaban haciendo difícil el navegar aquellas curvas. Era una pendiente empinada que, aun usando la primera marcha, los camioneros tenían un pie en los pedales del freno. Mientras pasábamos todos aquellos camiones, podíamos literalmente olfatear aquellos frenos ardientes. Con todo eso, fue un recorrido emocionante.

Después de una hora de experiencia penosa a través de aquellas curvas traicioneras, finalmente llegamos a las llanuras del otro lado. Una estatua gigante de uno de los dioses guerreros nativos americanos nos daba la bienvenida de regreso a la civilización. Con una amplia y dividida autopista, fue divertido cruzar la marca de los cien kilómetros por hora mientras llegábamos a Santiago.

Eran pasadas las diez cuando encontramos un albergue en Santiago y tiramos nuestras cosas mojadas en la habitación. El gerente del albergue fue bastante bueno para compartir su pizza con nosotros y doblar las reglas de la casa para darnos un Scotch en las rocas. Conocimos un holandés, con un título en filosofía y francés, quien había llegado allí a través de los programas de intercambio. Ellos empezaron a hablar acerca de la muerte de Theo van Gogh y la popularidad de Sarkozy—mientras yo me preguntaba cuando India llegaría a ser suficiente rica para incorporar estos programas de intercambio dentro de su ridícula universidad. Fue divertido ver aquellos estudiantes en sus veintes saliendo de sus países y experimentando culturas extranjeras antes de formar sus opiniones acerca del mundo y de la vida en general. Recuerdo mis días de niño creciendo en India. La rígida estructura social de la India, nociones sobre la vida en América y perspectivas prejuiciosas sobre la cultura occidental; nos hizo malinterpretar los valores del mundo occidental, para reclamar la base de moral alta, y criticar las leyes de otros, mientras hacemos la vista gorda a nuestras propias leyes defectuosas. Los intentos de imitar la cultura pop occidental y las largas colas afuera de las embajadas de Estados Unidos hacia todo de lo más irónico. Sí, tienes que viajar al exterior para apreciar las cosas que tienes en tu propio país. Pero es duro apuntar con el dedo a ti mismo sin haber salido de tu propio país y haber ampliado tus horizontes.

Sin embargo, sería injusto criticar a la India sin reconocer sus puntos fuertes. Para un observador, visitar la India es como fumar aquel primer cigarrillo. Si lo miras superficialmente, es un país lleno de pobreza y corrupción, una democracia con instituciones que están perpetuamente al borde del fracaso. Pero si permaneces suficiente tiempo en la India, te das cuenta de que ellas nunca colapsan. La corrupción es tan endémica en el sistema que los hindúes lo han aceptado como una parte inalienable de sus vidas. La corrupción en India ha forzado a sus ciudadanos a ser libertarios. Nadie confía en el gobierno. Nadie depende del gobierno. Nadie quiere tratar con el gobierno. Hay un "agente" para todo. Tu no vas a un empleado del gobierno si quieres tratar con el gobierno, vas a un agente.

Aun después de casi una centuria de reformas sociales, la rígida estructura social es tan estrecha en la mente del hindi que puede sofocar a los visitantes extranjeros de la India. Los programas de acción afirmativa corridas por el gobierno han conducido a más divisiones entre las varias castas. En vez de mirar a la acción afirmativa como una piedra para parase y pasar de las categorías "reservadas" a la categoría "abierta", la gente en las categorías "reservadas" están tratando de exprimir al gobierno para recibir más y más concesiones. En vez de tratar de cambiar de oprimido a la categoría de liberado, más y más comunidades están tratando de probar de que ellas están oprimidas, para que ellas pueden calificar para las limosnas del gobierno.

Los hindúes no escatiman sus elogios por la subida de Obama, y anotan que las minorías de la India se han elevado en su camino a la presidencia. Pero ellos despiertan al día siguiente y comienzan a chismear y expandir rumores sobre la madre soltera y su niño al final de la calle. Ellos añoran su propio Obama, pero fracasan en darse cuenta de que la meritocracia viene antes de un Obama. Mientras ciertas secciones de la sociedad sienten que tienen derecho a privilegios sociales, otras secciones tienen que trabajar el doble para reclamar los mismos privilegios. Si no hay un campo de juego nivelado, no hay Obama.

A pesar de todas las imperfecciones, si tú la inhalas correctamente y sostienes el humo por un momento, serás adicto a la India. La gente que visita India raramente regresa con sentimiento mezclados. Ellos realmente aman a la India o realmente la odian.

De acuerdo con una leyenda urbana en la India, un oficial occidental una vez visitó la India para aprender más acerca de su vasta red de trenes. Después de pasar unas pocas semanas estudiando la red, el oficial confeso, "Antes de visitar la India, yo no era creyente. Pero acepto ahora de que no hay forma de que este sistema funcione sin un Dios"

Una amiga mía nunca había estado en Asia. Ella había salido de los Estados Unidos, pero había visitado solo países europeos occidentales desarrollados. Cuando ella visitó la India, pasó la mayor parte del tiempo en la casa de un amigo, que estaba en una intersección muy ocupada. No había semáforos o señales de parar. Por primera vez en su vida, ella vio familias enteras montadas en motocicletas—marido, esposa, y dos niños. Ella pasó horas en el balcón observando el tráfico en la intersección. Ella pensó que presenciaría al menos un accidente. No hubo ninguno.

India define el caos funcionando. Ella es casi como un experimento malo con un final feliz. Cada provincia tiene su propia cultura, su propio lenguaje, su propia comida, su propia forma de danza; es como juntar todos los países europeos para formar un país grande. ¿Quién quiere hacer eso? Pero esa es donde la belleza de la India reposa—en su diversidad. Distinto de la diversidad de América, que tiene un rotulo de "Importado de", la diversidad de la India es cosecha propia. Y, resulta poco probable así como suena, la combinación de la diversidad, la filosofía hindú, la pobreza, los sistemas que no funcionan, y un anfitrión de otros factores de algún modo pone una sonrisa sobre el rostro de cada hindú. Si hay un hilo común que sostiene a todos los hindúes unidos, ella es la contención. Todos tienen sus propias peleas, sus propias dificultades, y sus propios motivos para quejarse. Pero al final del día, ellos están felices con sus vidas.

La contención de los hindúes es casi contagiosa. Te hace preguntar si la prosperidad, la meritocracia o las instituciones que funcionan tienen algo que ver con la felicidad. Recuerdo mis primeros meses en los Estados Unidos. Cuando era un adolescente creciendo en India, yo había escuchado acerca del famoso "sistema" de América. Mis padres solían hablar sobre ello todo el tiempo. Pero ser una parte de aquel sistema fue una completa experiencia nueva. Vi caminos limpios. Autopistas majestuosas. Mansiones suburbanas. Veinticuatro horas de electricidad y agua corriente. El impresionante sistema 9-1-1. Los empleados del gobierno apareciendo a tiempo. Gente haciendo colas y realmente tomando los exámenes de conducir para sus licencias.

Y mi favorita personal—la señal de parar. No es nada más que la octava maravilla para un hindú. ¿Están estos tipos fuera de sí? Ni siquiera tocan bocina para negociar la señal de parar en las cuatro esquinas. ¡Esto nunca funcionaria en India! Si hay un paraíso en la tierra, este es. La regla de la ley no tiene rival. Y seguir el sistema llega a ser tu primera y principal tarea.

Mientras el choque inicial y el sobrecogimiento caían, empecé a hacer nuevos amigos en el paraíso. Y allí es cuando todo el paraíso se suelta. La tierra donde todo funciona le ha dado a la gente un aura de independencia. Pedir por ayuda a los amigos es una señal de debilidad. Si tu amigo te ayuda, tu intentas ponerle un rotulo con el precio. Pedirle a tus padres por ayuda es un signo de incompetencia. Si regresas a vivir en la casa de tus padres, tus amigos y familia empiezan a mirarte. Espera un minuto. Pensé que éramos animales sociables. ¡Pensé que nos necesitábamos mutuamente para sobrevivir!

Recuerdo la primera vez que conocí una chica estadunidense cuyos padres estaban divorciados. Un "Oh, lo siento" inadvertidamente se escapó de mi boca. Creciendo en una familia de clase media en India, ninguno de mis amigos—literalmente, ninguno—eran hijos de padres divorciados. Había un amigo ocasional que había perdido a su padre o madre. Pero el divorcio era casi no escuchado. Y no era que no tuviese suficientes amigos. Si de algo, mis padres nunca se habían quejado era de que tuviera demasiados amigos y que les dedicaba demasiado tiempo. Pero el estigma social del divorcio era tan estrecho en mi mente que, para mí, era casi como la muerte de tu padre. Para bien o para mal, era considerado algo para sentir lastima.

No me llevo tanto tiempo para responder con una cara inexpresiva, o simplemente un "Oh," o una extendido "Hmmmmmm...," cuando alguien decía que sus padres estaban divorciados. Cada persona que conocía tenía padres que se habían separado, divorciado, o casado de nuevo. Se sentía casi como compromiso y sacrificio por el bien de los hijos eran solo un montón de palabras equivocas.

Para los hindúes migrando a los Estados Unidos, existe una cierta disonancia cognitiva en la forma en que la sociedad americana funciona. Nos enamoramos de la libertad de expresión, la vida estructurada, y el amplio rango de oportunidades que la sociedad ofrece. Pero, después de permanecer décadas en los Estados Unidos, encontramos difícil reconciliar aquello con un sentido de erosión del vínculo humano.

Las sociedades de India y América casi se parecen dos lados de la misma moneda. Ambas son democracias. Una cree en la supremacía del sistema sobre todo lo demás. Amigos, familia, vecinos—todo lo que sea "humano" toma un asiento trasero. Cada uno está jugando su parte para hacer una sociedad hermosa y funcional. La otra cree en la supremacía del vínculo humano. Cada regla y cada ley puede torcerse para ayudar tus amigos, familia, o vecinos. El sistema puede no ser eficiente, pero es aún bello y funciona. Una está llena de animales sociales sobre el nivel nacional, y la otra está llena de animales sociales en el nivel individual. Podrías pensar que la regla de la ley es la llave de la felicidad. ¡Buen intento!

El hindú inmigrante a los Estados Unidos esta perpetuamente capturado en el fuego cruzado entre el sistema y la sociedad: leyes y amigos, individualismo y valores familiares, ambición personal y la soledad de la vida suburbana. Una vez cada tanto, saca esa moneda fuera de su mente, la arroja, y la ve caer con el lado hindú hacia arriba. Mira hacia atrás a la sociedad hindú con un aire de romanticismo del amor perdido. Tiene dudas acerca de regresar a la vida en India, pero ama hablar de ello. Llama a unos amigos hindúes, sirve algunos tragos, toca algo de música de la India, y disfruta la euforia hindú.

Mientras se despierta con una resaca, silenciosamente desliza la moneda de regreso dentro de su mente y se va a trabajar. ¡Adiós mi amor, hola nueve a cinco!

DIEZ
UNA VIEJA AMIGA

Miguel y yo permanecimos al día siguiente en el distrito turístico de Santiago. Mi biblia de viaje me decía que los británicos habían controlado la ciudad en la pre-independencia de Chile. Suficientemente seguro, habían dejado su marca edificando torres de relojes entre los imponentes edificios del gobierno y las plazas alrededor construidas por los españoles. El distrito financiero del centro estaba lleno de edificios viejos con fachadas de piedras compartiendo el escenario con los edificios vestidos de vidrios resplandecientes. El centro de Santiago casi se sentía como el Manhattan "liviano", con un giro español—un buen coctel, ¿no es cierto?

Nos dirigimos al mercado central para unos tragos de pisco

sour y pescado fresco de final de la tarde. Después de un almuerzo pesado, era tiempo de escalar la hermosa montaña de Santa Lucia. Era la banda de música Bandra de Santiago. En un país católico muy conservador, Santa Lucia era un refugio para las jóvenes parejas que faltaban a clases y para encontrar una esquina tranquila para expresar su amor hacia el otro. Miguel y yo claramente no pertenecíamos allí—a menos que estuviéramos agarrándonos de las manos, por supuesto—pero no queríamos perdernos las fuentes victorianas, los jardines ornamentales que las rodeaban, y la vista que dejaba sin respiro a la ciudad desde la cima de la montaña.

El sol había comenzado a descender, y era tiempo para que me alejara a Viña del Mar. Había llamado a María, mi colega previa, y le había dicho que llegaría allí para las ocho de la noche. No estaba seguro de si aparecer en su puerta con un amigo brasileño que había conocido en Córdoba era una buena idea. Pero, me imagino que Miguel se dio cuenta. Decidió permanecer en Santiago por un día extra y encontrarse con el chileno que habíamos conocido en Córdoba. Empaque mis valijas, llené el tanque, y empecé mi recorrido hacia el oeste para jugar a alcanzar el sol que se hundía.

Fue una gran recorrida de dos horas a través de alguna montañas amables y viñedos. Este era el centro del vino en Chile, con temperaturas cálidas y las uvas sonriendo a lo largo del año entero. Fue un recorrido hermoso: un camino tortuoso, rangos de montañas cuidadosamente tapadas debajo de una sábana de viñedos, y el escenario del sol ocupado pintando los cielos. Mi mente estaba recorriendo hacia atrás y pasando nuevamente los recuerdos divertidos del tiempo en que éramos colegas. ¡Buenas cosas!

Me di cuenta de que, por primera vez en mi vida, había pasado más de tres semanas sin reunirme o aún hablarle a algún miembro de mi familia o amigos. Había pasado una semana desde que había recogido a Miguel de Córdoba. Pero con la barrera del lenguaje, era difícil compartir mis historias o mi emoción con él.

Es divertido lo que toparte con extraños por tres semanas puede hacerte. Comienzas a sentir deseos por algo viejo, algo familiar, algo que actué como una fuerza de asentamiento. Es una experiencia educacional. Te enseña lo importante que es el mundo a tu alrededor: el vecino ruidoso, el árbol de tu patio, el barman en el bar de tu barrio, la silla que se asienta en la entrada de tu porche, tu inaguantable jefe, la chica en tu el edificio de tu oficina con quien solo intercambias sonrisas, el guardia enfocado en su propio negocio, el auto lujoso en tu estacionamiento, el tipo que trabaja en la cafetería, los amigos que llaman muy seguido, los amigos que no llaman tan seguido, los amigos que nunca llaman.

La vida es sólo un montón de eventos azarosos. Aun así, todos se esfuerzan por aquella ilusión de asentarse: en nuestro vecindario, comunidad, ciudad, nación, elenco, credo, religión, o raza. Y utilizamos estas excusas hechas por el hombre para llamarnos a nosotros mismos más que animales. Esta ilusión de asentarse alimenta una ilusión de ser mejor que los animales.

¡Guau, guau, guau! ¡Espera, compañero! Estamos a solo una hora de nuestra vieja amiga. No hay necesidad de ponerse en tono filosófico. ¡Tenemos mejores cosas para pensar!

Mientras me acercaba a Valparaíso, las luces de la ciudad estaban dándole una ovación de pie al artista sobre el horizonte por su última pintura del día. Tuve mi primer vistazo de la bahía, mientras empezaba a descender hacia la ciudad hermana de Valparaíso, Viña del Mar. Se siente como si la naturaleza hubiese esculpido un anfiteatro para que la gente se recueste, relaje, y disfrute de la vista del gran Pacífico.

Pare en Viña del Mar y abrí mi mapa para tratar de ver cómo llegar a la casa de mi amiga. Una familia que pasaba notó que estaba haciendo malabares con mi casco, guantes, y Lonely Planet. Pararon, me ayudaron con las direcciones, me preguntaron de dónde era, hicieron el ritual de "Oh, hindú," y se alejaron.

Llegué a la casa de María, una comunidad cerrada con el césped bien mantenido y un hermoso pequeño jardín. Mientras me la encontraba en el estacionamiento, noté que yo tenía mucho más entusiasmado que ella acerca en vernos de nuevo. Ella estaba en su tierra, y probablemente tenía muchas otras cosas pasando por su vida. Pero yo estaba en una tierra extranjera. No había ninguna otra cosa en mi vida más que toparme con extraños. Además, ella era la única persona que yo conocía en Chile. Después de deambular por un mes más o menos, había finalmente hallado a alguien con quien compartir mis historias.

Primero lo primero, ¡comida casera! Me di una ducha rápida y me uní a su papá para la cena. Su mamá, quien entendía inglés, pero no se sentía demasiado segura de hablarlo, nos sirvió una cena rica de carne y huevos y se unió a la audiencia. Su papá había viajado un poco y conocía algo de inglés. Ambos eran doctores exitosos. Ella era una dama agraciada, una mujer educada, inteligente, con su propia mente. Él era el patriarca, lleno de caballerosidad y sarcasmo. Mientras empecé a hablar acerca de mi viaje, ellos no podían entender por qué alguien haría algo estúpido como eso. ¡Desearía tener una buena respuesta para ello!

El Diario de motocicleta no convence a todos. ¿Era el Che acaso un guerrero de la guerrilla al borde de la locura? ¿O era un verdadera figura transformadora y revolucionaria? Muchos de los sudamericanos todavía no escogen una respuesta.

Me llevó la mitad del día holgazanear para descansar mi espalda y cuello doloridos. Había pasado un tiempo largo desde que había disfrutado el dormitar en una cama cómoda. Al día siguiente, me di cuenta de que estaba en un barrio de clase alta de Viña del Mar, mientras observaba los bungalós de los alrededores, los autos lujosos, las calles limpias, la bella vista del Pacífico desde su balcón. Era uno de esos días cuando te tienes ganas de sacar una reposera al balcón, agarrar una buena novela, y desperdiciar todo el día disfrutando de la brisa tenue. Las nubes estaban jugando a ser aguafiestas, pero mi amiga me dijo que las mañanas en Viña del Mar eran siempre nublosas.

Era tiempo de turista. El hermano de María, un estudiante de ingeniería durante el día y un mecánico loco por los autos a la noche, se nos unió en nuestra excursión de las ciudades gemelas. Empezamos desde la punta más norte de la bahía. Disfrutamos las empanadas chilenas de la costa con una gran vista de las dunas de arena. Hicimos nuestro camino bajando hacia la costa, parando en las algunas playas. La otra punta de la bahía estaba llena de atracciones turísticas: el paseo, las mansiones enormes del jefe de la policía y el presidente de Chile, el casino al frente del mar, los negocios lujosos, y los restaurantes de alta escala con vista al Pacífico. Permanecimos todo el día disfrutando el escenario.

Era tarde al anochecer, y nos dirigíamos al paseo, cuando el sol empezó a asomarse de entre las nubes. Su hermano tenía que regresar al trabajo. Así que lo llevamos de regreso a casa y nos dirigimos hacia su laboratorio en la Universidad de Valparaíso. Su nueva jefa era una graduada de Cornell que se había casado con un tipo chileno y mudado a Valparaíso. Me imagino que habría sido un tiempo desde que su jefa se había encontrado con un estadunidense o, al menos, con alguna persona que hablase inglés. Empezamos con la vida de Chile y América y nos movimos hacia la música. Ella era una buena guitarrista. Cuando era estudiante de postgrado, se había conocido con un grupo de estudiantes de la India y habían formado un grupo de música clásica en Cornell. Nunca me había imaginado discutiendo música clásica de la India con una profesora neurocientífica asentada en Chile. Pero allí estaba, moviendo la cabeza, mientras empezábamos a discutir las complejidades de los ritmos y géneros de la música clásica de la India. Ella me contó que se había dado cuenta cuan primitivos eran los ritmos en la música occidental cuando aprendió sobre los ciclos de los ritmos de doce y medio, o diecisiete, o cada número que te puedes imaginar. Hablamos sobre la tabla siendo uno de los muy pocos instrumentos de percusión en el mundo que produce tonos armónicos, la fuente de su sonido rico. Las estructuras complicadas de los ritmos, el tiempo del día y la estación asociadas con cada ritmo—no había final a la vista para esta conversación. ¡La profundidad de su conocimiento era simplemente increíble! Mientras la escuchaba, me di cuenta de que no necesitamos un vendedor para las tradiciones ricas y valiosas de nuestras culturas. Ellas se venden a sí mismas.

Mientras estaba ocupado discutiendo música con su jefa, María estaba ocupada sobornando a sus compañeros de laboratorio a reunírsenos a tomar tragos. Sus amigos se acoplaron tan pronto como ella acordó que pagaría. ¡El alcohol gratis es el opio de los estudiantes de postgrado!

Era temprano al anochecer, y el sol aún no se ocultaba. Conducimos hacia las montañas empinadas para conseguir una vista completa del puerto. Con su tráfico caótico, callejones pequeños llenos de grafitis, y barrios de actividad frenética, Valparaíso se sentía como el hermano rebelde de su ciudad hermana de alto mantenimiento Viña del Mar. El valle era el San Francisco de América del Sur, con todos los artistas y estudiantes pintando las paredes de Valparaíso, y la gente rica rodeándose a sí misma con los bellos jardines y los barrios lujosos de Viña del Mar.

Nos tomamos un descanso ceremonial para sacar fotos de la bahía y nos dirigimos a un bar sucio famoso entre los estudiantes por sus tragos baratos y la buena música. Mientras los piscos fluían, empezamos a hablar sobre nuestras épocas de colegas en los Estados Unidos. El hablar mal de nuestros jefes nos dio camino para una discusión sobre la vida como mujer en Chile. Estas eran todas mujeres en finales de sus veintes: ferozmente independientes, dedicando sus años productivos a la ciencia, desafiando todas las normas sociales, y tratando de reclamar su legítimo lugar en una cultura históricamente macho chauvinista. La elección de Bachelet como la primera mujer presidente había dado un gran estímulo a sus aspiraciones feministas.

Cuando la discusión se movió a su búsqueda por el tipo correcto, ellas mencionaron que era difícil hallar al correcto. Estaban buscando caballeros bien educados que respetaran su independencia y que les fueran leales. Eso era una orden alta para los más bien tipos primitivos y sin ideas. La búsqueda de sexo, dinero, y poder definen al mundo de los hombres. Agarrar uno, agarrar dos, o agarrar los tres, y empezar a trabajar. Los tipos permanecen sus vidas adultas enteras yendo en círculos. Como dicen, el primer amor es la última dolencia de su niñez. Adentro vienen la indulgencia y la codicia. Caballerosidad, lealtad, sacrificio, moderación—¿de qué trata todo esto?

¿Dónde están estas mujeres chilenas inteligentes, educadas yendo a encontrar los hombres de sus sueños? Debe ser duro ser una mujer feminista en este mundo.

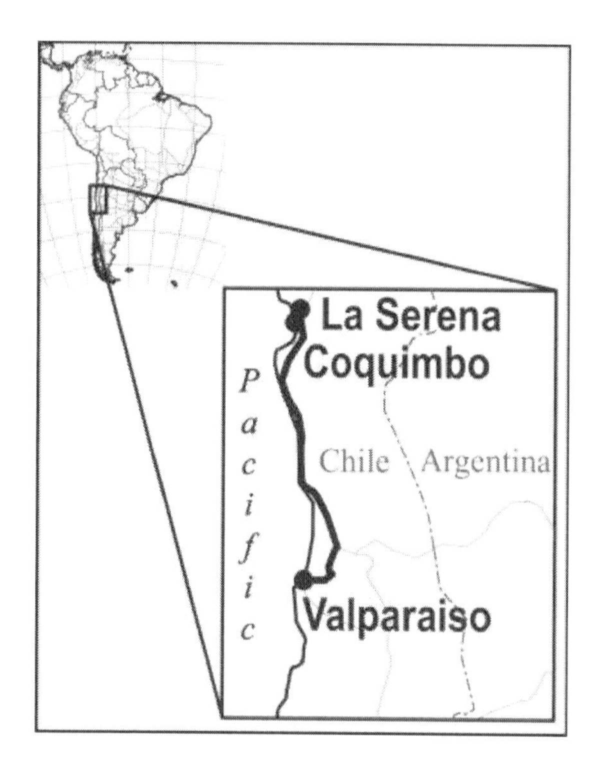

ONCE
¿NUEVOS VIEJOS AMIGOS? ¿VIEJOS NUEVOS AMIGOS?

Me desperté a otra mañana nublada, con sentimientos mezclados acerca de dirigirme al norte. Con sólo una autopista norte-sur, tenía que tomar el mismo camino hacia Cuzco. Ya no estaba en un territorio fuera del mapa. Pero la primera parada en mi camino de regreso era La Serena, lo cual significaba Juan el mecánico, Alex el dueño del bar, y Diego el amigo del dueño del bar. Estaba esperando ansioso encontrarme con mis viejos amigos de nuevo. Sería otra oportunidad para agradecer a Juan por sus servicios. Pero antes de ello, tenía que hallar a Miguel.

Era bien pasado el mediodía cuando finalmente encontré el

albergue donde Miguel estaba alojado. Dejamos las hermosas montañas verdes de la Bahía de Valparaíso y abrazamos las rugosas montañas marrones alrededor de La Serena. Mientras entrabamos a la ciudad, las luces de las calles habían empezado a reemplazar el crepúsculo. Ducha, lavar las ropas, e-mails, comida barata—luego estábamos listos para dirigirnos a los bares. ¡La primera parada—nuestro viejo bar! Ellos estaban sorprendidos de ver a "Apu" regresar a su bar. El único otro hindú que ellos conocían era Apu de Los Simpsons. Ese era mi nuevo apodo. Tenía que seguir con el "Gracias, regresa de nuevo."

Mi salvador Juan entró pocos minutos después que nosotros. Pude decir por su cara que no esperaba toparse conmigo de nuevo. Le invité un par de copas y empecé a narrar mi historia. Le agradecí a Juan por toda su ayuda y consejo. Si él no me hubiese ayudado con la cadena, mi motocicleta se habría roto en algún lugar de los Andes, en el frio congelante, con los vientos que enfriaban los huesos. Habría estado a millas de distancia de la civilización, sobre los estrechos caminos sucios, con ningún lugar para poner una tienda. ¡No habría sido bueno!

Lentamente cambiamos nuestro foco a un par de chicas locales en el bar—una estudiante de medicina y su hermana mayor, quien estaba haciendo una maestría en literatura inglesa. Fue divertido conocer chicas locales que hablaban inglés. Después de algunos tragos, las chicas estaban listas para dirigirse al piso de baile. Dijeron que estaban yendo a un bar gay en un subsuelo. Eran las tres de la mañana. ¿Bar gay? ¿Tres de la mañana? ¿Extraño? ¿Seguro? ¿Inseguro? El club estaba a solo unas cuadras de allí. No había nada que perder. Entramos en un sitio que parecía una estructura residencial regular y, después de pagar dinero extra, entramos en el club. El pasillo estrecho poco iluminado conducía a una sala grande con parlantes gritando a la multitud, y la multitud regresando el favor.

Una guerra de miradas irrumpió tan pronto como entramos al bar, gays y lesbianas sobre un costado y las dos "parejas" sobre el otro. No era como que si nunca hubiese conocido gente gay anteriormente. De hecho, tengo amigos que son gays. Desafortunadamente, no sabía cuál era el código de conducta para los hombres heterosexuales entrando a un bar gay en Chile. Respondí devolviéndoles la mirada, con una expresión de no tener idea. ¿Deberíamos empezar a bailar con las chicas, y atraer más miradas de qué-estas-haciendo-aquí? ¿O debería simplemente permanecer en los costados, y atraer las exóticas miradas gay? La elección estaba clara. Conseguimos copas para todos y empezamos a bailar.

Nos tomó un tiempo darnos cuenta de que la razón para todo aquel griterío era el evento especial abriéndose sobre el escenario distante. Es difícil de describir los eventos en palabras. Tengo un vocabulario muy limitado cuando se trata de tales eventos. Pero parecía alguna suerte de show de moda de las travestis. Era una competencia de cascos, donde los diseñadores habían ignorado a lo grande el resto del cuerpo. Me imagino que el desafío para los diseñadores era hacer que la multitud se focalizara en los cascos. Los diseñadores habían fracasado miserablemente, pero ninguno se estaba quejando.

Dejamos el club cerca de las cinco de la mañana y nos fuimos directamente a la parada de taxis para dejar a las chicas. Las calles usualmente ocupadas de La Serena estaban inquietamente tranquilas y desiertas. Un par de tipos locales nos comenzó a seguir y a hacer lanzadas a las dos chicas. Apuramos nuestro ritmo un poquito. Estábamos tratando de ignorarles y pretender que no éramos locales. No iba a funcionar, pero fue nuestra mejor respuesta. Estaba caminando con la hermana mayor, y noté una expresión preocupada en su rostro. No tenía idea lo que esos dos tipos estaban buscando. Sabía que se notaba que allí yo era un extranjero. ¿Estaban ellos tratando de robarnos, o simplemente siguiéndonos para ver cómo reaccionaríamos? ¿Acaso tenían armas? Nos dimos vuelta para chequear si su hermana menor y Miguel estaban bien. Estaba completamente choqueado cuando vi que Miguel estaba peleando con uno de esos tipos. Había sacado un palo largo o rodillo de alguna parte y estaba dándole garrotes a uno de los tipos, allí mismo en la plaza central. Demonios, ¿qué debería hacer ahora?

Miré a mi alrededor; solo vi las luces de las calles y nosotros. Mientras me apresuraba hacia la plaza, uno de los tipos empezó a alejarse a las corridas. ¡Eso era interesante! Pero Miguel no quería dejar que el otro tipo se fuera. Casi que parecía que quería darle de garrotes hasta matarlo. Paré su arremetida sobre el pobre tipo, que se alejó. Miguel estaba todavía furioso y quería atraparlo. No sabía que decir para calmarlo. Estaba simplemente ocupado deteniéndole para no seguir al muchacho.

Las chicas se acercaron y empezaron a hablarle, mientras yo comencé a arrástralo hacia la parada de taxis. Estábamos a menos de una cuadra de la plaza cuando notamos que los dos tipos y un montón de sus amigos no estaban persiguiendo. Ahhh. Me di cuenta por que el otro tipo se había alejado más temprano. Con suerte, no estábamos tan lejos de nuestro bar. Las puertas estaban cerradas, pero a través de las hendijas en las puertas, pudimos ver los empleados ocupados haciendo las tareas diarias. Fuimos directo hacia el gorila de más de dos metros de altura que vigilaba la puerta del costado. Mi vocabulario en español—vamos, maneje, bien, comer, claro, servicio, por favor, moto, mucho gusto, habitación, ron, comprendo, más lento, tomar, perdón, carne, puedo, bueno, ayer, mañana, pescado, carretera, gracias, izquierda, derecha, derecho—claramente no era suficiente para describir lo que recién había pasado. Miguel le conto al gorila sobre el incidente y apuntó a los tipos persiguiéndonos. El gorila nos dejó entrar y enfrentó a los tipos. Desde atrás de las puertas cerradas, estaba tratando de seguir la conversación. No entendí una palabra, pero le tomó quince o veinte minutos al gorila para aclarar las cosas con los tipos que nos seguían y enviarlos de regreso. Entró y nos dijo que era seguro irnos a casa. El gerente todavía estaba allí, supervisando a los empleados. Él se apresuró, les hablo a Miguel y al gorila, y le pidió al gorila que nos acompañara de regreso a casa.

Todos fuimos a la parada de taxis y dejamos a las chicas primero. Luego nos dirigimos hacia el albergue. Mientras estábamos caminando con nuestro gorila amigo, Miguel estaba usando toda clase de tonos animados y gestos para describir el evento. Parecía que aún estaba enojado sobre todo el incidente. Hice un paso para atrás y empecé a seguirles. Bajando aquellas calles de piedras e iluminadas por la luna de La Serena, comencé a pensar acerca de mi nueva vida. Mi segunda niñez estaba firmemente detrás de mí. Encontrándome con un viejo amigo, decirle adiós a una vieja amiga sin saber si la volvería a ver de nuevo, encontrar el sentido del asentamiento en un país extranjero, conocer una chica interesante en un bar e ir a bailar con ella, educándome a mí mismo sobre una forma alternativa de vida en una cultura extranjera, invitando las miradas por ser diferente, intentando evitar esas miradas, marcando territorio y disputas territoriales entre las especies masculinas—era mi segunda adolescencia, toda exprimida en veinticuatro horas!

El desayuno gratis estaba disponible solo hasta las nueve de la mañana. Tuvimos que forzarnos a nosotros mismos a salir de las camas para alimentar nuestros estómagos hambrientos y darle de beber a nuestros cerebros vacíos. Habiendo descansado por solo tres horas, mi cuerpo estaba gritando por más. Yo solo quería regresar a la cama. Pero Miguel me arrastró a la playa. Por suerte, la playa a la que fuimos era turística con mucha sombra. Todos los restaurantes y bares habían preparado sus mesas, sillas, y sombrillas a lo largo de la playa. Elegí una de las sombras tranquilas, tendí mi toalla, y cerré mis ojos.

Para el tiempo en que abrí mis ojos de nuevo, Miguel se las había arreglado para hacer amigos con casi todos en la playa—incluyendo a los perros—y colectar un tesoro grande de rocas y conchas marinas. ¿De dónde sacaba el todo el entusiasmo? Casi que parecía como que tenía una fuente secreta de energía en alguna parte de su cuerpo. Mientras él comenzaba a mostrarme sus tesoros, parecía un niño abriendo sud regalos de cumpleaños. No siendo una persona de rocas y conchas marinas, me preguntaba por qué estaba tan entusiasmado acerca de coleccionarlas. Sí, algunas de ellas tenían colores y texturas extrañas que generalmente no asociamos con las rocas. ¡Pero aun así eran rocas! ¿Coleccionando rocas, estampillas, monedas, copitas—de dónde vienen todos estos hobbies? Me recordó la escena de una película en la que una mujer joven se estaba preguntando por que su nuevo amigo, un hombre maduro, era adicto a la pesca.

El hombre, un músico en una banda militar, decía que estar en el agua era como atender a una sinfonía. Los rizos sobre el agua. El susurro distante de las hojas. Los sonidos crujientes del bote meciéndose. La ola ocasional golpeando la costa. Dudo que alguna vez vaya a pescar. Pero suena hermoso, ¿no es cierto? Es asombroso como las mentes humanas puedan encontrar el placer o la belleza en aquellos detalles que parecen mundanos a los otros. ¡Cada uno en lo suyo!

Regresamos al albergue después de la puesta de sol. La francesa que habíamos conocido en Santiago se las había ingeniado para llegar a La Serena y encontrar nuestro albergue. Era su último fin de semana de vacaciones antes de que empezara su programa de intercambio. Salimos a comer algo antes de ir al mismo bar de nuevo. Un día entero de correr alrededor, hablarle a la gente, y recoger rocas habían finalmente desgastado a Miguel. Dijo que estaba cansado de salir por tragos nuevamente. Lo dejamos en el albergue y nos encaminamos hacia el bar. Después de la explosión de la noche previa, todos los que trabajaban allí nos reconocían. El gerente del bar no quería tomarse ninguna chance, él estaba organizando una fiesta para al día siguiente celebrar su cumpleaños. El alcohol y la conversación comenzaron a surgir de nuevo. Eran las tres de la mañana antes de que nos diéramos cuenta. Envió a Diego y otro de sus amigos para acompañarnos de regreso al albergue.

La mañana siguiente, era el turno de la francesa para estar de resaca y cansada. Ella se desprendió de nuestros planes de Vicuña. Miguel y yo tomamos nuestro desayuno gratis y nos dirigimos a Vicuña y al valle de Elqui—el valle pisco de Chile. Visitamos el exuberante valle verde en la mitad de los Andes rocosos. Caminos a lo largo de la presa de agua de todo el valle. Comimos frutas de cactus locales. Fue un buen viejo día de excursión.

Regresamos antes de la noche, nos reunimos con la francesa para cenar, y nos refrescamos un poquito para la fiesta. Otras tres alemanas parando en nuestro albergue se nos unieron antes de que fuéramos a nuestro bar. Una ronda de tragos en el bar, y estábamos todos listos para irnos a la casa del gerente del bar. Era un edificio colonial al tope de la montaña, con enormes puertas de madera que llevaba a un amplio corredor. Después de pasar algunas pocas habitaciones casi desnudas sobre cada lado, entramos en la cocina—una cocina clásica de piso de soltero con una heladera, una mesa, unas pocas sillas, y las alacenas llenas de licor. La cocina se abría a un patio amplio bien mantenido con paredes altas de maderas resguardando la noche estrellada. Pasamos de nuestras conversaciones vigilantes sobre viajes y cultura a las conversaciones sorpresivas de sobre la filosofía, la vida, y el amor. Una de las alemanas empezó a hablar sobre su pasado colorido—el tipo que la había abandonado a quien ella aún aceptaría sin pensarlo por un segundo, el tipo con el que ella había salido por unos pocos años, el viejo de ochenta años con el que nunca había salido, pero a quien le enviaba postales, y el tipo con quien secretamente intercambiaba poemas y cartas de amor. ¡Guau! Los hombres eran simples. Perseguir el deseo sexual, el éxtasis del amor, o la desesperación callada— los hombres solo eligen uno a la vez. ¿Como manejan las mujeres todo este caos emocional? ¿Siendo más inteligente que las especies de hombres de mentes simples—viene con su propio equipaje? El malabar emocional al que las mujeres son tan buenas forzaría fácilmente un hombre a tirarse el mismo desde el precipicio. Y entonces, veo a todas estas mujeres queriendo encontrar hombres a cada paso del camino. ¿Bromeas?

Mientras indagábamos en lo profundo de nosotros mismos, un amigo del gerente del bar estaba ocupado persiguiendo su deseo amoroso. El ayudaba a la francesa que daba tumbos y, después de algún tiempo, la acompañó de regreso. Una de las alemanas olfateo una rata cuando otro amigo del dueño del bar comenzó a acompañarla a salir por la puerta de atrás. Le hablé al dueño del bar y Salí por la puerta de atrás con él. Allí estaba ella, sentada bajo un árbol con la cabeza firmemente apoyada sobre sus rodillas. Ella estaba apenas consiente de sus alrededores y completamente no dándose cuenta de la vista bella enfrente de ella—la tenue pendiente de la montaña tratando de parar que la sabana del Pacifico se alejase. Me senté a su lado y empecé a hacerles preguntas. ¿Acaso ella quería agua? ¿Irse a casa? ¿Sintiendo ganas de vomitar? Estaba claro de que no tenía idea de dónde estaba y lo qué quería. El alcohol había hecho su magia.

Nos tomó media hora levantarla de allí y dejarla en la habitación del dueño del bar. Chequeé la hora. Eran las cuatro de la mañana. Su autobús de La Serena partía a las siete de la mañana. Ella estaba a miles de millas lejos de su país, en una misión de educar a los chilenos sobre la cultura de Francia, unos cientos de millas lejos de su destino con el autobús programado a partir en tres horas, rodeada de extraños, borracha hasta el punto de estar inconsciente, y yaciendo en una cama, ajena a todo a su alrededor.

Mientras ella estaba tambaleando entre sus sueños, el dueño del bar puso el disco de Pink Floyd Live at Pompeii en su reproductora de DVD:

"Cierras la puerta
Y tiras la llave
Hay alguien en mi cabeza
Pero no soy yo."

Nuestros codazos amigables no estaban funcionando. Eran las seis de la mañana, y no queríamos que ella se perdiese el autobús. Tuvimos que echarle un vaso de agua en la cara antes de que ella abriese sus ojos. Después de una taza grande de té, finalmente nos las ingeniamos para hacerla pararse por sus propios medios. Pero no había forma de que se fuese caminando de regreso a casa por sí misma. Olvídate de caminar, ella ni siquiera podía mantener el equilibrio por más de unos pocos minutos. Nuestro amigo gorila y yo sellamos nuestros hombros con los de ella y empezamos a arrastrarla de regreso al albergue. Empacamos sus valijas, nos metimos con ella dentro de un taxi, nos dirigimos a la parada del autobús, vaciamos otro café en su garganta, y la abordamos en el autobús de las siete. ¡Uf!

Eran las ocho de la mañana cuando finalmente regresé a mi cama del albergue. Nos despertamos cerca del mediodía y fuimos directo a la playa. Mis planes de dejar La Serena aquel día fueron dejados de lado mientras tiraba la toalla sobre la misma sombra de la misma playa. Miguel permaneció otro día coleccionando conchas, jugando con niños, coqueteando con las chicas, y chateando con los mayores acerca de sus vidas. Nos encontramos con las alemanas para la cena y terminamos la noche temprano.

Al día siguiente, me desperté con la realización de que era tiempo de despedirme de Miguel. Quería venir a Iquique conmigo, pero se había dado cuenta de que no había forma de que regresara a Brasil desde Iquique a tiempo. Así que, ¡eso fue todo! Comenzamos a hablar sobre todos los buenos momentos que habíamos pasado mientras yo empacaba mis valijas: las chicas con las que nos habíamos topado, el frio congelante en la frontera, el museo del Che, la belleza de Valparaíso; fue impresionante cuanto habíamos experimentado en solo un par de semanas.

Mientras empujaba mi motocicleta sobre la rampa, estaba lleno de un sentimiento de tristeza que me sobrepasaba. Me preguntaba por qué me estaba sintiendo tan triste acerca de despedirme de un virtual extraño. Nuestro primer encuentro en Córdoba había sido accidental. Viajando juntos por un par de semanas era largamente el resultado de su deseo de hacer algo loco. Nuestros lazos a través de la barrera dura del lenguaje eran más bien superficiales. Nuestro mutuo conocimiento del país del otro y experiencias y tradiciones e historias eran mínimos. Aun así, ambos estábamos sintiéndonos tristes acerca de despedirnos. El me dio un abrazo de oso antes de que me pusiera el casco y se ofreció a tomarme una fotografía para matar un poco más de tiempo. Un abrazo no fue suficiente para él. Así que nos abrazamos nuevamente antes de que encendiese mi motor. Era tiempo de irme.

Es maravilloso cuan poco los lleva a los seres humanos crear lazos de por vida—un toque, un aroma, una visión, un sonido. A veces me pregunto si acaso somos algo más que los lazos que creamos. Nuestros sentimientos por las personas y cosas con las que nos encontramos—¿es eso lo que nos define? ¿O existe un "yo" superior, por encima y más allá de nuestros sentimientos por las personas y las cosas que nos rodean? Y si mis opiniones son solo una reflexión de las experiencias pasadas y mis reacciones a ellas, odiaría ser alguien con odio. Preferiría mirar el lado más claro de las cosas y seguir adelante. ¿A ti que te parece?

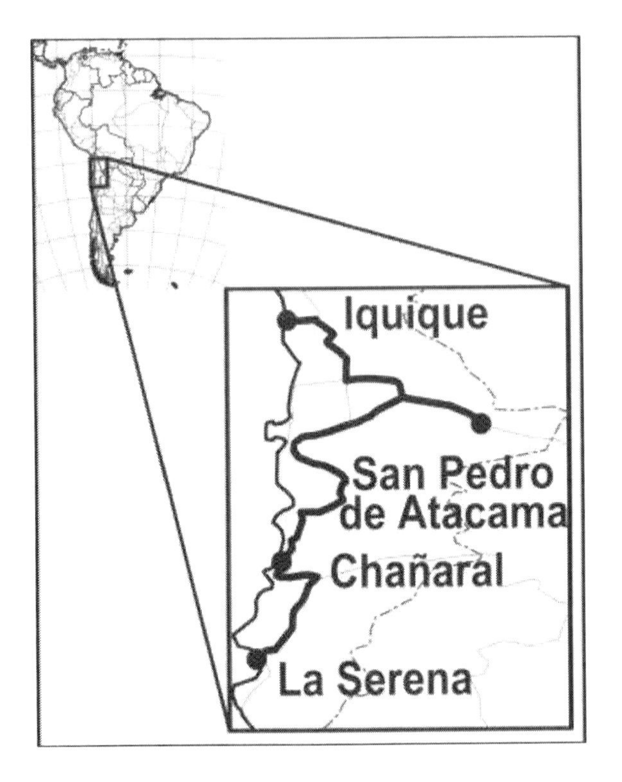

DOCE
TRES SON COMPAÑÍA

Después de veinticuatro horas de descanso, estaba esperanzado de manejar todo el día y llegar a Antofagasta. Pero el almuerzo pesado en Copiapó me enlenteció, y decidí parar en el Chañaral. Sin ninguna plaza a lo largo de la vía, el Chañaral era un pueblo inusual. El único hotel decente en el pueblo estaba cargando tres veces la cantidad que había estado pagando en otras partes. Me imagino que fue construido para servir a los oficiales de las minas que visitaban el pueblo. Opté por el menos deteriorado de todas las opciones, me estiré un poco, tomé una siesta, y empecé a buscar algo para comer. Después de un par de semanas de tener un compañero de viaje, era extraño cenar por mi propia cuenta.

Le envié una nota triste a Miguel por correo electrónico, cogí un sándwich, y regresé al albergue para encontrar alguna compañía para cenar. Noté que un par de tipos preparando sus propios sándwiches en la cocina y me forcé a mismo en la conversación. No me tomó mucho tiempo para darme cuenta de que me había topado dos de los tipos más locos que jamás había conocido en mi vida.

Un belga, fornido, un tipo bien mantenido en sus cuarenta era un electricista de profesión. Nunca había trabajado por más de dos años seguidos. Trabajaría por unos pocos meses para ahorrar dinero, coger su bicicleta, tiras dardos en un mapa, y viajar alrededor del país en su bicicleta. Parecía que su dardo había pegado la punta más sureña de América del Sur hace algunos pocos meses. Había comenzado pedaleando desde Ushuaia, y, en tres meses, había trabajado su camino hacia el Chañaral. ¡Eso era más de trescientos mil kilómetros!

El tipo coreano había dejado su país a finales de los noventa durante el derrumbamiento económico de Asia. Había pasado una década trabajando en alguna agencia en Nueva York. Había renunciado a su trabajo y empezado su jornada también desde la punta sureña. Ellos se habían encontrado después de viajar mil kilómetros por sus propias cuentas. Cuando se habían encontrado, me imagino que se dieron cuenta de que sus destinos, o su falta de ello, les estaban llevando en la misma dirección. Así que habían decidido viajar juntos por algún tiempo. Cuando les pregunte cuáles eran sus planes, ambos dijeron que aún tenían cerca de uno o dos años de pedalear antes de terminar sus jornadas. ¿Futuro? No lo habían pensado.

Es difícil mantener el rostro cuando le estás hablando a esta gente. ¿Pedaleando a través del continente? ¿Dos o tres años? ¿Están locos? Me hicieron pensar en un debate reciente en los Estados s acerca de si diferencias innatas entre hombres y mujeres resultan en hombres que están sobrerrepresentados en la ciencia y las matemáticas. Uno de los argumentos que rondaba apoyando la idea de las diferencias innatas notaba que la inteligencia promedio de hombres y mujeres era la misma. Pero que la distribución de la curva de Bell de la inteligencia de los hombres es más grande que aquella de las mujeres cuando se trata de ser genios o locos. Es difícil decir objetivamente si los hombres genios realmente sobrepasan el número de mujeres genios. A través de la historia de la humanidad, a las mujeres no se les permitió seguir profesiones intelectuales y académicas. Pero si quieres saber si los hombres locos sobrepasan el número de mujeres locas, agarra tus valijas y permanece un mes en alguna parte remota de América del Sur o África o Asia.

El electricista belga empezó a hablar acerca de sus previas aventuras. Había viajado a través de más de una docena de países. Tenía algunos recuerdos afectuosos de visitar la India en la mitad de los ochentas, cuando la India era aún una economía socialista cerrada. Comenzando desde la punta sureña del Kanyakumari, se había abierto camino a lo largo de la costa para pedalear todo el camino hacia Leh. Recordaba cómo veía a un Mercedes Benz al lado de un carro de toros en la parada de los semáforos, y como casi todo lo que se vendía en la India era hecho en la India. Debe haber sido una vista interesante: un hombre hindú de negocios rico en un Mercedes Benz, un electricista belga montado en su bicicleta, y un agricultor pobre conduciendo un carro de toros—todos preguntándose lo que los otros dos tipos estaban haciendo allí.

El electricista lo había visto todo: la belleza original e intacta de la costa sureña, el crisol cultural caótico de Mumbai, los palacios reales rompiendo la monotonía del desierto del Rajasthan, el desmoronamiento de crisol histórico de Delhi, los estados de policía de Punjab y Jammu y Kashmir, y el rugoso terreno Himalaya de Leh. Pero, en su segunda visita a la India después del año 2000, estaba consternado por la globalización, las colas largas enfrente de los Pizza Huts, y el crecimiento rampante del consumismo en la India. Me dijo que estaba contento de ver una disminución significativa de la pobreza, pero que temía que la India estuviera en su camino a perder su identidad cultural. Nos sumergimos en una discusión larga acerca de cómo la India había sido invadida por los poderes de Asia Central, Medio Oriente, y Europa por quinientos años, y cómo la cultura de India se las había ingeniado para sobrevivir todos aquellos asaltos. ¿Podrá India enfrentar otro asalto cultural? Es difícil de decir, ¿pero es acaso India la única víctima? Con la globalización, ¿acaso nos estamos atacando la cultura del otro? En la aldea globalizada de hoy día, ¿no nos estamos dirigiendo hacia una supercultura que lo acompasa todo?

Mientras la discusión se movía a otros países, estaba asombrado por la profundidad de su conocimiento sobre todas las diferentes sociedades. Él podría no haber tenido el antecedente histórico de todas estas culturas, pero su entendimiento de las fuerzas y debilidades de cada una de ellas era alucinante. Me hizo pensar en cómo la inteligencia sobrevalorada está en el tradicional sentido de la palabra. Es irónico que hombres de negocios e investigadores que dedican la mayor parte de su tiempo a sus vidas en ambientes controlados artificialmente detrás de paredes cerradas consiguen más respeto que un electricista que ha viajado por el mundo entero. Mientras ellos son la maquinaria de la creación de la riqueza y el mejoramiento de la vida, difícilmente son necesarios para la supervivencia y la reproducción. ¡Si un desastre fuerza a todos los seres humanos a mudarse a una pequeña isla con recursos limitados, el electricista belga seria claramente el ganador, por mucho!

Entonces de nuevo, no hay puntos por adivinar quién ganaría el concurso evolucionario si un prestigioso hombre de negocios entrara a bar con un electricista. Siendo inteligente o teniendo recursos como un hombre de negocios podría haber tenido sentido evolucionario cuando una mayoría de la población estaba viviendo en el salvajismo. La población sobreviviente fue siempre bendecida con una salud robusta y la inmunidad para los eventos naturales desastrosos. Ahora que nos hemos encerrado a nosotros mismos en cubículos y pegados a las computadoras, sería interesante ver si la evolución inclina su balance hacia el electricista.

Mientras el tipo belga estaba buscando aprender más acerca de otras culturas y otros países, el tipo coreano callado estaba aún buscándose a sí mismo. Fue difícil tener un buen sentido de su alma. En la cultura de los mochileros, cada uno está loco en una forma monótonamente colorida. Pero el coreano todavía estaba deambulando en las sombras de lo gris, buscando una apertura para romper y mostrar sus colores.

Nuestros ejercicios de apuntar los dedos para decidir quién era el más loco entre nosotros no estaba yendo a ninguna parte. Era tarde en la noche y el día siguiente iba a ser un largo día para todos nosotros. Decidimos terminar el día.

Me desperté temprano, terminé mi caja de leche y unas pocas rodajas de pan, y terminé de empacar mi bolso cerca de las ocho de la mañana. Mientras estaba ajustando el tablón para llevar la motocicleta por las enormes escaleras hacia abajo, el padre del gerente del albergue entró y me ofreció mantenerla derecha. Juzgando por las líneas de su rostro, estaba por encima del promedio de la expectativa de vida en Chile.

"¿De dónde eres?" me preguntó el viejo mientras regresaba el tablón.

"Soy de la India. Estudio en Estados Unidos," contesto el robot en mí.

"Indiiiiiia," exclamó el viejo chileno. "Mahatma Gandhi?" me pregunto después de una breve pausa.

No estaba seguro de si estaba esperando algo más que un "Sí" de mí. Aun así, mi lenguaje iba a fracasar de nuevo. Camino hacia abajo del corredor, salté sobre mi motocicleta, y saqué mis guantes.

"Estados Unidos, Obama," dijo el viejo y puso el puño en el aire. ¿Obama? ¿Por qué estaba tan entusiasmado acerca de Obama? Todavía no había ganado las primarias. ¿Y aún si llegaba a ser presidente, las políticas de Obama afectarían a un hombre de ochenta años que tenía un albergue en Chañaral? ¿Acaso él sabía algo acerca de la política internacional de Obama? ¿Por qué un presidente afro-estadounidense era tan importante—la carga del hombre blanco?

Saludé al viejo mientras encendía el motor y me dirigía al camino. No me había decidido acerca de visitar San Pedro de Atacama. Estaba al menos a doscientos kilómetros de mi camino. Pero cada chileno me lo había recomendado. Y con mi comienzo temprano de la mañana, todavía era posible. Salté el almuerzo y descansé un poco en Calama. Me preguntaba si debería regresar a la Ruta Cinco o continuar hacia San Pedro de Atacama. Eran las cinco de la tarde. Estaba a solo a cien kilómetros de San Pedro de Atacama. Era pan comido. Después de una barra de muchas calorías, estaba de regreso en la ruta, peleándole al sol. Tenía solo una noche en San Pedro, y había escuchado mucho sobre la puesta de sol en San Pedro. No me lo quería perder.

Después de unos cien kilómetros de nada dotada de un par de pueblos abandonados, empecé a descender hacia San Pedro de Atacama. Era una vista impresionante—un paisaje estéril amarillo que se tornaba lentamente en marrón, y desparecía en un pequeño círculo verde. Mientras me aproximaba al pueblo, las sombras comenzaron a resplandecer en la luz dorada. Le pregunté al gerente del albergue por el mejor sitio en el pueblo para observar la puesta de sol. "Valle de la Luna," me contestó mientras miraba su reloj. Le pregunte si era tarde para la puesta de sol. Me dijo que estaba muy justo. Me monté de nuevo en la motocicleta y me encaminé hacia el

Valle de la Luna. Faltaban veinte minutos para el ocaso cuando entré al parque y compré mi boleto. El parque estaba lleno de dunas de todas las formas y tamaños. Pilares ondulados se desprendían de la tierra a intervalos regulares. El parche, dura cresta de sal sobre el tope. Sí, estaba en la luna. Mientras me dirigía hacia el lugar del ocaso, el sol poniente estaba ocupado agregando sus toques finales al valle. ¡La luz dorada y las sombras oscuras se estaban sumando a la belleza del paisaje, y, por esta vez, no había llegado tarde para el ocaso!

Para el tiempo en que regresaba, la ciudad se había despertado de su siesta. Todos los pequeños restaurantes y bares estaban inundados de turistas. Las luces que iluminaban las vidrieras de los negocios hacían que las calles empolvadas parecieran un mosaico de tonos tierra. La plaza central estaba llena de gente disfrutando el concierto de música folclórica. Los signos de la comercialización estaban por todas partes, pero los locales habían invertido mucho esfuerzo en mantener la apariencia y el sentido de un pueblo. Pensé caminar alrededor del pueblo, pero once horas de recorrido me habían desgastado. Después de una parada para la carne con arroz, estaba listo para tirarme a dormir.

Una bella mañana de sol me despertó. Me consentí a mí mismo y derroché en un vaso de leche y un panchito en la parada del autobús. ¡Panchitos para el desayuno! Oh bueno, era tiempo de regresar a Iquique. Pensé acerca de parar en Calama para una excursión a su famosa mina de cobre, el hoyo más grande del mundo hecho por el hombre sobre la superficie de la tierra. Dicen que hablar con los mineros en Calama inspiró al Che a pelear por su causa. Pero con las excursiones empezando a las dos de la tarde, no había forma de tomar la excursión y luego llegar a Iquique antes de que anocheciera. La excursión a la mina quedaba fuera.

Parecía muy monótono en el mapa. Yo aún estaba esperando recorrer a lo largo de la costa desde Tocopilla a Iquique. Desafortunadamente, un deslizamiento de tierra había bloqueado todo el camino. Tuve que permanecer en la estéril Ruta Cinco para regresar a Iquique. Sobre todo, era solo otro día recorriendo a través del desierto.

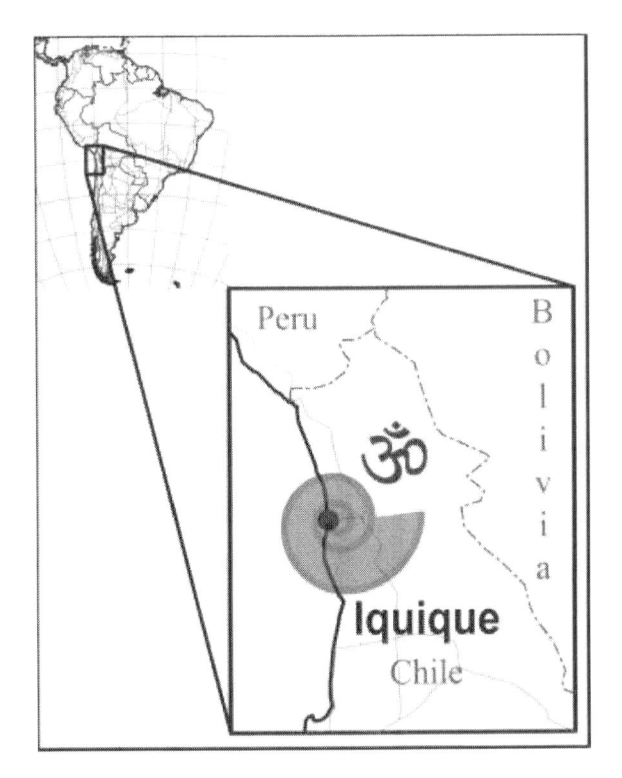

TRECE
PERDIENDO NUESTRAS RELIGIONES

Después de otro largo recorrido, me encontraba en el mismo albergue, a lo largo de la misma playa, y hablándole al mismo gerente. El único cambio eran los rostros de los hippies internacionales. Había un estudiante alemán de filosofía y matemáticas tomando un semestre de vacaciones en Chile; una pareja de Nueva Zelandia en un viaje de vuelta al mundo, un adolescente alemán perdido viajando a través de Sud América por un año, aparentemente buscando inspiración; una chilena con una maestría en literatura inglesa escribiendo un artículo sobre el sistema de castas en el hinduismo. Había otro estudiante alemán de servicios sociales pasando por una crisis de los veintes; un americano nativo adoptado por una familia belga buscando a su madre; y todavía otro alemán, un chef que había trabajado en todos los continentes excepto en la Antártica. Los alemanes estaban definitivamente llevando la delantera aquí. Un ingeniero eléctrico caminando sobre las orillas de la biofísica y la neurociencia no iba a hacer que nadie frunza el ceño aquí. Corrí hacia el supermercado para conseguir un paquete de fideos y una lata de jugo. Mientras caminaba hacia la cocina, pude oler al mundo entero sobre la cocina. Le di a mis humildes fideos un poco de ego con algo de apio y orégano, y me asenté en el área del comedor.

La estudiante chilena de literatura inglesa estaba esperando escuchar acerca del sistema de castas de la boca de caballo del hindú. Ella había tenido una vida increíble, llena de intentos, fracasos y tribulaciones. Era una de seis, todos criados por una madre soltera. Había trabajado duro para conseguir una beca en una de las escuelas privadas tope en Santiago y se había recibido con buenas notas. Con su trabajo como maestra, estaba esperando ahorrar suficiente para pagar por su título de master. Hablaba de crecer a la sombra de Pinochet, pasando de un estado policía a una democracia que funciona. Describía crecer sin un padre en una cultura machista y tratando de sacar a su familia de la pobreza. Tenía problemas para mantener su sueño vivo y esperando encontrar su caballero en su reluciente armadura. Era una lista larga. Yo estaba solo sentándome allí, preguntándome sobre los no problemas en mi vida. ¿Lo llamamos problemas y tomamos orgullo de nuestros logros? ¿Dándole nuestro mejor golpe y dejándoselo al destino? ¿O acaso creemos en la noción de que solo estamos flotando alrededor y disfrutar la vida como se nos da? ¿Como miramos a la vida y por qué? ¿Es algún tipo de indicador de nuestra madurez? ¿O simplemente seguimos corriendo alrededor en círculos? ¿Acaso tenemos alguna elección? ¿El libro albedrio es otra ilusión, correcto?

Comencé mi excursión guiada con un descargo de responsabilidad ateísta. Compartí mis pensamientos sobre el antiguo sistema Varma, y como se había cambiado en el sistema de castas de la actualidad. El sistema Varma refuerza mi creencia en las leyes de las estadísticas y la división del trabajo en la sociedad. Los argumentos de que una sociedad exitosa necesita un buen balance de pensadores, guerreros, comerciantes, trabajadores de collar azul suena muy atractivo—¡al menos en papel! Pero luego el sistema comienza a caer en una pendiente resbalosa cuando los pensadores comienzan a reclamar que ellos son de algún modo mejores que los otros. No estoy exactamente seguro de cuándo y cómo el sistema Varma se desarrolló en el sistema de clases. Pero el sistema de castas sigue siendo el más grande estigma en el hinduismo. Declinándole a una persona la elección de las castas y creando un rango del orden de castas fue probablemente una de las más grandes locuras del hinduismo. Como si eso no fuera suficiente, inventaron una convención de nombres en el cual el apellido muestra el rol y estatus en la sociedad. Es irónico que la religión que profesa tolerancia a otras religiones discrimine en contra de sus propios seguidores. ¿Cuán incongruente es dividir tu propia comunidad en "nosotros" y "ellos"? Mientras más lo piensas, más comienzas a creer que los humanos están ya cableados para dividir todo en "nosotros" y "ellos". Los hippies y otros elementos con flecos son dejados más allá para "Imaginar".

La audiencia compuesta de solo una maestra chilena no se daba por vencida. De hecho, la discusión entera acerca de las castas había funcionado como un aperitivo para ella. Ella quería ahora el plato principal del hinduismo. Le advertí que la gente gasta décadas entendiendo los orígenes y a evolución del hinduismo y que mi conocimiento del hinduismo era más profundo que el de ella.

Así que empezamos nuestra segunda sesión con el refrán común del hinduismo de que no es una religión; es una forma de vida. De hecho, es un millón de formas diferentes de vida. Hay un amplio espectro de cosas que puedes decir, y hacer, y creer, y aún llamarte a ti mismo un hindú. No hay un único libro que los hindúes tienen que creer, o seguir, para ser un "buen" hindú. Si, ellos tienen escrituras, pero ninguna de ellas nombra los Diez Mandamientos.

Cuando comenzamos discutiendo el Ramayan y el Mahabharat, empecé a reflexionar sobre mi propia experiencia religiosa. ¿Que fue los que me volvió un ateísta? No fue como si mi familia fuera militante religioso y que yo estaba tratando de revelarme contra ello. Sí, mi abuela era súper-religiosa, y mi madre aún más. A veces, encuentro su fe ciega divertida. Todo lo que tienes que hacer es caminar y, con rostro directo, decirle que el tipo de la cuadra más abajo tiene algunos poderes místicos, o que puede caminar hacia Dios. Ella es tan inocente y crédula. Empezaría a orar a aquella persona. Su vida y su sistema de creencias son casi envidiables—no hay necesidad de perder tiempo en pensar sobre la vida, no hay necesidad de tener segundos pensamientos acerca de la existencia de Dios, no hay necesidad de escribir libros sobre ello. Creer en Dios es el único camino hacia el moksha, o nirvana. ¡Quién sabe, quizás esta está en lo cierto!

Ella sigue intentando sin éxito hacerme creer en Dios. Pero mi abuelo y mi padre me habían dado la libertad de hallar mi propia interpretación del hinduismo. Ellos siempre habían parecido más espirituales que religiosos, su espiritualidad casi al borde del agnosticismo. Quizás es porque como doctores, ellos habían visto un montón de injusticia en naturaleza—niños pequeños muriendo de enfermedades inexplicables y gente con estilos saludables de vida muriendo de enfermedades crueles como el cáncer. Les habían probablemente hecho cuestionar su sistema de creencias. Cualquiera que haya sido la razón, nunca los había visto demasiado preocupados acerca de mi ateísmo. Si, eran tradicionalistas. Creen en los roles de hombres y mujeres bien definidos en una sociedad. Y, hasta cierto punto, caen en los argumentos de casta alta/casta baja en la que crecieron. Pero siempre nos habían dado a los niños la libertad de definir nuestras propias creencias y de diagramar nuestros propios caminos.

Entonces, ¿de dónde viene mi ateísmo? Mientras más lo pienso, más me doy cuenta de que viene de las epopeyas de Ramayan y Mahabharat. Dicen que Shakespeare fue el psicólogo más grande. Yo diría Vyas lo fue, el hombre que escribió Ramayan y Mahabharat. Esas teorías, más literalmente, crónicas de vidas de los dioses hindúes. Como las escrituras en otra religión, el mensaje era fuerte y claro—el triunfo de lo bueno sobre lo malvado. Pero, cuando empiezas a examinar de cerca los diferentes caracteres en las historias, te das cuenta de que, junto, es una excursión de la fuerza sobre la naturaleza humana. Exploran todas las sombras grises de los humanos. Poligamia, poliandra, un bebé de probeta, una madre soltera abandonando a su hijo—lo que nombres. Para ganar una mano en la guerra, el dios más verdadero termina diciendo la mitad de la verdad. Uno de los grandes dioses del hinduismo termina dudando del carácter de su esposa. En un juego de "póker de celebridades", ¡los hombres buenos terminan perdiendo a su esposa! Cuando un maestro se da cuenta de que uno de sus estudiantes es mejor que su estudiante favorito, pone en desventaja al mejor estudiante tal que su estudiante favorito prevalecerá. El más dotado y generosos de los guerreros termina siendo el más insultado de todos ellos. El dios de los dioses se inclina tan bajo para robar el mejor guerrero de su posesión más preciada, su armadura.

Después esta Bhaguatgeeta. Uno de los buenos que está en el campo de batalla, preparándose para pelear en contra de los malos. El dios supremo, quien abraza y glorifica conductas de coqueteo, está en la rueda. El bueno nota a varios de los miembros de su familia entre las tropas enemigas. Está encarando el antiguo dilema de estar en el lado bueno y tener que enfrentarse a los miembros de su familia. ¿Qué le dice el dios supremo? Está bien ir en contra de los miembros de tu familia si estas peleando por la justicia. Una vez en el campo de batalla, está bien apartarse de la conducta noble y matar a tu desarmado enemigo quien está pidiendo una tregua. En la cascara de la nuez, el Bhaguatgeeta reconoce que la vida no es tan blanca o negra como nos gustaría que fuera. Está llena de pruebas y tribulaciones éticas y dilemas morales, y elecciones entre dos maldades—pero está todo bien mientras elijas la menor de las dos maldades. Ninguno de nosotros, ni siquiera los dioses, son perfectos. Mentiras, engaño, y actos de omisión y comisión pueden ser justificados en el campo de batalla. Comprendiendo que tú eres solo un pequeño, casi insignificante jugador en el gran esquema de las cosas es importante. No hay absolutos cuando se trata de los correcto o incorrecto. Y no hay forma de extirpar toda la maldad en el mundo. Más bien la maldad es solo un estado de la mente. Existe un poquito de maldad en todos nosotros. De vez en cuando, aparece su cabeza y amenaza nuestro camino de la vida. Pero entonces, el buen sentido común siempre prevalece.

No hay necesidad de ir a la guerra para experimentar estos dilemas éticos. Nuestras vidas diarias están llenas de tales situaciones. Todo lo que tenemos que hacer es reconocer que lo que consideramos ético podría no serlo para alguien más. Solo observa el debate de los derechos para abortar. Con abundantes fuentes naturales y tierras escasamente pobladas, los estadunidenses tienen la lujuria del debate acerca de si la vida comienza con la concepción. En China e India, la explosión de la población no se hace problemas de los derechos para abortar. Par los chinos autoritarios, el aborto vienen en la forma de decreto gubernamental. En la India democrática, la legalización del aborto esta trenzada a tal punto que el infanticidio femenino ha llegado a ser un problema social mayor. La situación actual es tan mala que en algunos estados de la India hay solo cerca de 850 mujeres por cada 1000 hombres. Así que el debate entero de los derechos para abortar ha cambiado hacia la determinación del sexo del feto. El aborto está bien mientras no lo estés haciendo porque se trata de una niña.

Piensa acerca de la antigua pregunta ¿"Debería contarlo?". Piensa en el amigo inmigrante trabajador con problemas para llegar a finales del mes. ¿Qué pasaría si ella caminara hacia ti y te pidiera casarte tal que pudiera mantener su estatus de inmigrante legal? ¿Qué pasaría si ella hubiese salido de su país de origen porque escapaba de la tiranía de un régimen opresivo, o después de divorciarse de su exmarido quien solía abusarla? Todo lo que te pide es estar casados hasta que ella se convierta en un inmigrante legal. Y si tú no lo haces, tendrá que regresar a su país y encarar el régimen opresivo. ¿Qué pasaría si dices no y ella encuentra a alguien más? ¿Llamas a la policía? Y ¿qué pasaría si ella te llama en el día de su boda y te pide que seas su hombre de honor para la boda? ¿Qué pasaría si ella te pide ser testigo de su matrimonio?

Cuando todo está dicho y hecho, ¿cómo tratas a tu amiga después de la boda? ¿Muestras simpatía o pena hacia ella? ¿Acaso actúas como si nada hubiese pasado? ¿O la acusas de ejecutar un acto inmoral y por ende pierdes la hermosa cercanía de la amistad? Si le preguntas a diez personas diferentes, conseguirás un set de diez respuestas diferentes al mismo set de preguntas. Esa es la belleza de la mente humana. El significado de la vida está oculto en alguna parte en esas áreas grises. Debes aprender a ponerte a ti mismo en los zapatos del otro y darte cuenta de que nadie es perfecto. Ese parece ser el mensaje central del hinduismo. Eso es lo que lo hace atractivo.

Después está el sistema de castas. Casi que suena como una broma del hinduismo, reforzando su propio mensaje de que nada en este mundo es perfecto. El humanismo secular, la idea de que no necesitamos creer en Dios para ser buenos hacia otras personas, suena tan atractivo—no porque sea perfecto, sino porque esa es la dirección a la que la ciencia nos conduce.

Hay al menos tres líneas interesantes de investigación que los científicos están siguiendo para llegar al fondo de la religiosidad. Una línea de cuestionamiento está tratando de entender las bases biológicas de la conducta ética. Los científicos han comenzado a aislar las pequeñísimas estructuras del cerebro que juegan un rol clave en la toma de decisiones que afectan nuestras vidas y las vidas de los que nos rodean. Parece como si algunas de estas áreas del cerebro tomaran decisiones basadas en el valor emocional de las opciones disponibles. Nuestro amor, odio, disgusto, apatía, o simpatía para las opciones disponibles guía los aspectos emocionales de la decisión. Como resultado, las personas que han enriquecido nuestras vidas en alguna forma tienen más consideración que aquellos que no lo han hecho. Y estas decisiones nos fuerzan a ser buenos con las personas que nos ayudaron en el pasado y a regresarles el favor. Cuando estas áreas de decisiones emocionales están dañadas, no lo pensamos dos veces antes de tomar las opciones no éticas.

El segundo problema interesante es el miedo a lo desconocido. ¿Qué hay acerca de los bosques tupidos que instiga temor en nuestras mentes, aun cuando nuestro amigo nos asegura que no hay animales en él? Para otro ejemplo, piensa acerca de volar. Después de más que una centuria de prueba y error y refinamiento, parecemos haber alcanzado tanta perfección como podemos en el vuelo. Aun, todos sabemos que la gente tiene miedo de volar. Y si la excursión al espacio llegar a ser accesible mañana, ¿cuántos de nosotros querríamos ir al espacio? Toma el juego. Dado un 50 por ciento de probabilidad de hacer más dinero en una apuesta más riesgosa, ¿qué elegirías? Nuestras vidas están llenas de estas elecciones que exponen nuestros temores a lo desconocido en una forma u otra.

Podría haber alguna explicación evolutiva para la aversión al riesgo. Si cada miembro de la sociedad comienza a tomar inusualmente altos riesgos, puede ser en detrimento a la supervivencia de las especies. Entonces, para los animales sociales sobreviviendo sobre las bases de la cooperación y división del trabajo, podría tener sentido evolutivo para una mayoría de los individuos el tener un mi8edo saludable a lo desconocido. Biólogos evolucionistas y neurocientíficos han comenzado a buscar las bases biológicas de este fenómeno. Por ejemplo, sería divertido explicar este misterio en términos de la activación de alguna parte del cerebro o la liberación de algunas moléculas pequeñísimas en el cerebro. Por supuesto, seria inocente trivializar la religiosidad en el miedo a lo desconocido. Después de todo, creer en Dios le da a alguna gente la fuerza para hacer cosas que aún un ateísta devoto podría estar temeroso de hacer. Entonces de nuevo, los líderes religiosos han explotado el temor de la gente a lo desconocido desde que la religión ha estado con nosotros. Si, existe más acerca de la religiosidad que el temor a lo desconocido. Pero es claramente una pieza importante del rompecabezas.

Y luego el altruismo—el bastión de la religión organizada, la frontera final del agnosticismo y el ateísmo. ¿Cómo la ciencia va a explicar el por qué alguna gente tiene un deseo irreprimible de donar cosas por caridad, o dar dinero a organizaciones sin fines de lucro, o simplemente alistarse de voluntario para una buena causa? No hay lógica detrás del altruismo. Así es como el argumento va. Pero, muy pronto, una combinación de neuroeconomía y teoría del juego va a resolver ese misterio.

La neuroeconomía intenta comprender como los humanos toman decisiones financieras día-a-día. ¿Por qué algunas personas siempre compran cosas caras de marca, mientras que otras siempre buscan las ofertas sin preocuparse acerca del valor de la marca? ¿Por qué algunas personas se obsesionan con conseguir la mejor oferta del vino más exótico, mientras que otras realmente se sienten mejor pagando el dinero extra por el mismo vino exótico? ¿Cuáles son las bases biológicas de la mentalidad de rebaño que conduce a comprar y vender acciones en los mercados de cambio? ¿Por qué elegimos la recompensa más baja de hoy cuando nos ofrecen el doble de recompensa en uno o dos años? No tenemos ninguna respuesta clara a estas preguntas aún. La neuroeconomía recién ha comenzado a rasgar la superficie. Pero el mensaje es fuerte y claro. Somos criaturas fundamentalmente irracionales. Aun los matemáticos más inteligentes y los economistas más lúcidos a veces encuentran dificultoso resistirse a la exuberancia irracional. Nuestra crianza, nuestra cultura, nuestros alrededores, y nuestra condición emocional o psicológica juegan roles tan importantes en nuestra toma de decisiones que, más frecuente que no, tomamos decisiones que no son lógicas en el tradicional sentido de la palabra.

El campo entero de la economía está basado en la asunción de que somos seres humanos racionales. Así que, naturalmente, estos hallazgos poseen un desafío enorme a un número de teorías económicas más tempranas que fueron consideradas estándares de oro en el campo. Más importantemente, ellas también arrojaran luz sobre el altruismo. Rumores falsos pueden aún forzar a la mayoría de los comerciantes de cambio de Wall Street a irse en una juerga de vender. Entonces, ¿qué tiene de irracional el dar dinero a los hombres sin techo sin preocuparnos de que nos lo regresen?

La teoría del juego es otro campo de la economía que ha hecho levantar el ceño bastante en el último par de décadas. Como el nombre lo sugiere, el campo analiza diferentes estrategias de cómo jugar el "juego", en el cual el resultado del juego depende de las elecciones que hacen tú, tus colaboradores, y tus competidores. La teoría es utilizada mucho en estos días para diseñar y promocionar nuevos productos. ¿Cuál es la competencia actual de nuestro producto? ¿Como reaccionarían los competidores a tu producto? Si quieres maximizar tus ganancias, sin considerar la respuesta de tu competidor, ¿qué estrategia deberías usar? La teoría del juego explora aquellos tipos de respuestas.

Como puedes ver, la matemática puede llegar a ser muy complicada. Esa no es la parte interesante. La parte interesante de la teoría del juego es que a veces, viene con estrategias y conclusiones que suenan casi una locura. Toma el dilema del prisionero, por ejemplo. La policía arresta dos sospechosos, y los lleva a dos a habitaciones aisladas. Si uno de ellos testifica en contra del otro, y el otro tipo permanece en silencio, el primero sale sin castigo, y el segundo consigue diez años. Si ambos testifican en contra del otro, cada uno de ellos consigue cinco años. Pero si ambos permanecen en silencio, ambos salen con solo seis meses de tiempo en prisión.

Si tu único propósito es minimizar tu tiempo en la cárcel, tiene sentido testificar en contra del otro tipo, sin considerar lo que el haya hecho. Pero ese tipo de egoísmo no siempre es la mejor solución. En situaciones como estas, no testificando y pasar seis meses en prisión beneficia a todos. Suena extraño y contra intuitivo. Pero ilustra el punto de que algunas veces las estrategias egoístas son las mejores estrategias.

Quizás es muy temprano para decir si la teoría del juego tiene algo que hacer con el altruismo. Aun así, es divertido pensar sobre ello. Quizás todos los animales sociales se han desarrollado para tener un sentido innato de la bondad común de la sociedad. ¿Quién sabe? Tal sentido podría ser importante para la supervivencia de las especies como un todo. O quizás nuestros cerebros tienen algunas estructuras que todavía no han sido descubiertas que están implícitamente e inconscientemente haciendo estos cálculos antes de tomar decisiones.

Volviendo a mi creencia en las estadísticas, quizás existe una distribución estadística buena de la gente a lo largo del "eje del altruismo"—alguna curva con forma de campana donde tenemos toda la gente egoísta en uno de los extremos, la súper-altruista en el otro extremo, y todo el resto de nosotros en el medio. Somos egoístas cuando estamos en una mesa de póker. Somos altruistas cuando vemos al tipo sin techo en el semáforo. Podríamos apuntar las virtudes de las exenciones de impuestos un día y pelear por el cuidado universal de la salud al siguiente. O quizás aquellos cerebros responsables del egoísmo y el altruismo continúan encendiéndose y apagándose mientras caminamos por nuestras vidas.

Entonces, aquí estamos. La ciencia tratando de entender las bases biológicas y evolutivas de la conducta moral y ética, el temor a lo desconocido, y el altruismo. Piensa acerca de ello. Si descubrimos que los sistemas biológicos que gobiernan estas tres facetas de la conducta humana son independientes el uno del otro, nos ayudará a explicar todos los tipos de personalidades interesantes. Los tipos padrinos del Dios que atemoriza quien, por un lado, se regocija en todo tipo de actos no éticos como parte de sus "negocios", y, por el otro lado, da miles de dólares a los pobres y necesitados. ¿Qué tal acerca de los tipos Bill Gates, que construyen imperios sobre algunas cuestionables prácticas de negocios y que en algún punto de sus vidas, desconectaron el cable de sus vidas de negocios y se hicieron devotos a las causas de caridad por el resto de sus vidas? ¿O los humanistas seculares, como yo, a quienes no les importa romper las leyes de una tierra extranjera para ayudar a un artista en problemas a ir de un pueblo a otro? Sí, es una gruesa sobre simplificación de un problema mucho más complicado. Pero es divertido pensar acerca de ello, ¿no es cierto?

¡Alas! Los bostezos de la audiencia me estaban diciendo que mi tiempo para observaciones finales se había vencido hace tiempo. La chilena se había pasado el día entero tachando su lista de lugares para visitar y conocer en Iquique. Y solo había estado buscando por alguna perspectiva sobre el hinduismo y el sistema de castas. Ella había obtenido mucho más que lo que me había pedido. Quizás la ofendí por darle vueltas sobre el ateísmo, y ella solo estaba intentando ser buena conmigo.

Lavé mis platos y me acosté. Mientras descansaba en la cama, esperando dormirme, comencé a pensar acerca de mi nuevo despertar religioso. Cuando era adolescente creciendo en la India, nunca había estado realmente expuesto a ninguna de las otras religiones. La mayor parte de los amigos de nuestra familia eran de la casta superior de hindúes. A través de mis doce años de escuela pública y cuatro años de universidad privada, yo tuve un amigo musulmán, un seguidor del sijismo, y uno cristiano, y todos ellos eran más conocidos que amigos. Los sijs a los hindús son lo que los polacos a los europeos y las rubias a los estadunidenses. Y con solo un o dos por ciento de la población, la cristiandad raramente entraba en mi percepción consciente. Aparentemente, no era un gran problema en el mundo occidental. Pero era más bien irrelevante en mi vida diaria.

El aspecto más intrigante de mi primer despertar religioso era mi entendimiento del islam. Los musulmanes nunca fueron realmente considerados de la India. La generación de mis padres había vivido durante la partición de la India y la creación de la República Islámica de Pakistán. Así que había todavía mucho resentimiento sobre el hecho de que algunos musulmanes habían decidido permanecer en la India aún después de se les había dado su propia tierra. Las discusiones de mis padres eran siempre centradas sobre las condiciones de vida pobre, bajos sueldos, y carencia de educación de los musulmanes—como se quieren asimilar con los de la cultura india o hindú; cuanto querían mantener su propia identidad; cuanto querían disfrutar de la democracia y las oportunidades económicas en India, y aún mantener su lealtad a Pakistán. Todo parecía plausible. Todos pensaban que era verdad. Y aún si no fuera verdad, no había forma de saberlo. Con solo un conocido musulmán, no había mucho que puedas hacer sobre ello.

Todo el discurso político y social estaba en el nivel de los adultos. Se lo alimentaba a los niños como la verdad. No había forma de interactuar con los niños musulmanes o cristianos, haciéndoles preguntas inocentes sobre su religión, explorando sus ideas sobre Dios, aprendiendo acerca de sus vidas, o hablando sobre sus sueños y aspiraciones. Eso simplemente no era posible.

Esa fue mi niñez. Como adolescente, recuerdo saliéndome de la sombra de mis padres, consiguiendo mi propia información a través de los medios, y formándome mis propias opiniones. Entonces de nuevo, dada la forma en que musulmanes de India y pakistaníes era proyectados en los medios de la India, no había forma de imaginar que muchos pakistaníes eran simplemente como los de la India: buscando un buen trabajo, un lugar seguro para vivir, buena educación, y un futuro asegurado para sus niños. Para una gran sección de los medios, la población musulmana de India era solo una extensión de Pakistán, predispuestos a traicionar a la India y ejecutar las órdenes de Pakistán en un segundo. Los actos diarios de terrorismo en Kashmir y los ataques terroristas ocasionales en otras partes de la India solo habían añadido leña al fuego. Así que los medios no ayudaban mucho a aclarar el aire.

Para sumar a aquello, el gobierno socialista de la India había perfeccionado el arte de repartir favores y gratuidades a los musulmanes. En retorno, ellos votarían en masa para re-elegirles. No había un intento serio en reformas que rompieran el ciclo vicioso de la pobreza, carencia de educación, y alienación de la sociedad de los musulmanes en India. Así que, cuando un partido político conservador nos llamaba a salir del apaciguamiento musulmán, mi mente adolescente saltaba al carro. Esto no era porque los conservadores tuvieran mejores ideas para asimilarles dentro de la sociedad de la India, pero, era para frenar el apaciguamiento de los musulmanes en la India. En mi propia visión pequeña del mundo, tenía sentido hacerles responsables de sus actos, cualquiera que los actos fueran.

Aquel fue mi primer despertar religioso—observar al mundo desde el prisma perfecto del hinduismo. La evaluación crítica del hinduismo no estaba garantizada. Todas las sombras del islam podían estar pintadas con un color—anti-India. La capacidad intelectual de los seguidores sijs era cuestionable. El budismo, donde no puedes ni siquiera matar mosquitos, era impráctico. Más que cuando estaban creando algún alboroto esporádico sobre la conversión de las castas bajas más pobres hindúes a la cristiandad, los cristianos eran una minoría irrelevante que les importaba sus propios negocios. Zoroastrismo era alguna secta de flequillos que eran fieramente endogámicos. Y excepto por su mención en un capítulo de la Segunda Guerra Mundial en el libro de historia, el judaísmo no existía. No mucho de un despertar, ¿cierto? Entonces de nuevo, ¿qué esperas de un pueblo pequeño de un millón de personas en India central?

Ahora, en aquel día sin eventos en un pueblito en Chile, estaba experimentando mi segundo despertar religioso. Mudándome a los Estados Unidos para los estudios de postgrado y viajar a través de tres continentes había abierto mis ojos religiosos en más de una forma. Me había ayudado a apreciar las cosas buenas sobre el hinduismo y a denunciar los aspectos malos de él. Después de sentarme en todos los tipos de cafeterías de campo universitario e interactuar con estudiantes de todo el mundo, había aprendido mucho acerca de otras religiones. Escuchar las conversaciones de otros estudiantes universitarios me habían hecho darme cuenta de que tanto como se refiera a sus metas y deseos, la religión y el color de piel eran casi irrelevantes. ¿Y esta travesía? Esta travesía me había dado el tiempo para tomarme un respiro profundo y juntar todas las piezas.

La opción del humanismo secular era otro paso importante en mi segunda vida, y mi segunda adolescencia. Si alguien fuera a ponerme un arma en mi cabeza y me pidiera elegir, probablemente seleccionaría el hinduismo. Algunos de los preceptos básicos del hinduismo me han ensenado a ser mi propio intérprete de las cosas a mí alrededor. El hinduismo no me pide seguir demasiadas reglas y, mientras no dañe a alguien más, no me pide arreglar las falencias de mi personalidad. Pero ya no suena relevante. ¿Están todos los dioses hindúes mintiendo en la espera, preparados para emboscarte? No lo creo. Si están, es también bueno. Alegremente aceptare su existencia. Hasta entonces, continuaré rompiendo alguna de aquellas leyes menores para ayudar al pobre y necesitado—no porque sienta que es mi responsabilidad religiosa de ayudarles—¡no! Pero porque mi cerebro es irracional en su manera propia.

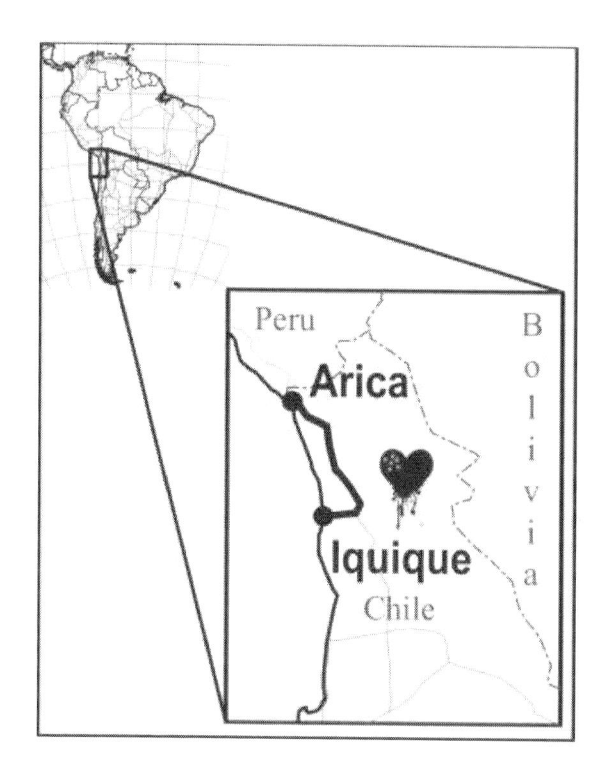

CATORCE
OH, LOVE, WHERE ART THOU?

Yo había planeado llegar a Arica al día siguiente. Pero después de dos largos días de recorrido, mi cuerpo no estaba de humor para hacerlo. La playa a través de la calle parecía más tentadora, además, yo tenía un par de días extras en mi itinerario. Estaba tomando la misma ruta de regreso, tal que no habría sorpresas. Decidí extender mi estadía por otro día y caminé hacia la cocina por el desayuno. Con cinco minutos para ir antes de que la hora para desayunar se terminara, el grupo variado de resaca estaba ocupado ahorrando dinero en cereal, rosquillas, y café para gastarlo en alcohol. Mientras preparas la mochila, es importante guardar tus prioridades en regla. Me alimenté con una buena dosis de rosquillas, queso, y café, y cogí mi toalla.

Hice una parada corta en la biblioteca del salón. La mayoría de los libros en la biblioteca eran diarios de viajes y clásicos. Estaba buscando una lectura fácil. Hojeé el libro de Bill Cosby acerca de envejecer—¡un sedativo perfecto! Dos de los alemanes, la adolescente y la trabajadora social, se me unieron mientras salía.
"¿Te gusta él?" me pregunto la trabajadora social alemana mientras leía el prefacio.

"¿Quién, Bill Cosby? Hice la pregunta obvia.

"Si. No me gusta su comedia", ella dijo.

Hmmm. Siempre pensé de él como una leyenda de todo entretenimiento familiar. Siempre enfatizando la importancia de los valores de la familia y la decencia en la vida pública, él lo había logrado hasta el practicar lo que predicaba, los afro-estadunidenses pueden mirarlo como el hombre hablándoles a ellos. Pero es difícil ver por qué otros no lo querrían.

"Pienso que es un buen comediante," le respondí.

"Creo que está sobrevalorado," disparó ella.

"Bueno, él no es solo un comediante. Es un trabajador social, como tú. Ha puesto mucho tiempo, dinero, y esfuerzo para ayudar a afro-estadunidenses con sus problemas. Es un icono para la gente estadunidense," le dije.

La adolescente perdida había terminado de escribir en su diario y estaba dirigiéndose hacia el agua. Eran solo dos de nosotros con el día entero por delante. Nuestra conversación se movió de la comedia a las artes a la música a la cultura. Decayó y flotó a través de nuestros pasados. Lo que siguió fue un día lleno de conversación acerca de la vida. Cuando comencé a hablar sobre mi experiencia educativa, ella me confesó que la última vez que había estudiado ciencia era en la escuela secundaria. Así que, empecé por sus pensamientos acerca del mundo alrededor de ella. No me tomó mucho darme cuenta de que sus ideas acerca de la vida eran increíblemente inocentes y simplistas, casi infantiles. Si hubiera sostenido aquella conversación con alguien más, habría estallado de risa. Pero el velo del poder de la inocencia de transformar "estupidez" en "adorable"—¡impresionante!

Era sorprendentemente cándida y sin filtros acerca del pasado y del presente. Venía saliendo de una relación seria de seis años debido a la reluctancia de su ex a tener hijos. Para alejarse del desorden, se había mudado a Córdoba y se había lanzado de lleno en un proyecto de cuidado de niños sin fines de lucro. Por razones que se me escapan, compartió algunos secretos que estaban enterrados en esquinas remotas de su mente. Yo yacía allí, mirando dentro de sus ojos y preguntándome por qué me estaba contando todas aquellas cosas. A veces, es fácil abrirse con extraños. Sería inapropiado revelar aquellos secretos a nadie. Se dice que hay algunos secretos que uno se lleva a la tumba. Se supone que es nuestro trabajo moral o ético. ¿Tenemos todos secretos, los no tan vergonzosos que nunca le decimos a nadie? ¿O soy el único que se guarda aquellos secretos?

Las olas retrocediendo de la marea baja, el sol brillante, la temperatura tibia, la brisa perfecta, la chica Hermosa, la gran conversación—después de un tiempo largo, todo parecía estar en perfecta armonía. Era uno de esos momentos raros en que quieres que el mundo entero se pare, ¡ahí mismo! Es difícil llamarlo amor, pero lo que compartimos fue hermoso. Dicen que el amor a primera vista no tiene ningún sentido. Pero es también cierto que la gente que se casa con sus amores verdaderos que se dice pasó en la primera cita. Algunos psicólogos han comenzado a decir que la gente toma decisiones subconscientes acerca de compañeros potenciales en los primeros quince minutos. Sea lo que fuera, fue uno de esos días memorables en mi vida.

Las sombras alargándose y la brisa fresca del atardecer nos recordó nuestros estómagos. Ella estaba hambrienta y quería preparar crepes para cenar. Yo quería compartir la puesta de sol con ella. Decidimos refrescarnos, mirar la puesta de sol juntos, y luego ir al supermercado por comida. Me di una ducha rápida, saqué la más limpia de mis 5 camisetas, y bajé las escaleras. Estaba dando vueltas en la sala de espera cuando ella bajo vistiendo un vestido rosa con un collar de flores. Y ellos estaban allí, los dos alemanes, caminando con ella. Habían estado todo el día paseando alrededor de Iquique, y ahora estaban de regreso en el albergue. Ella camino hacia mí y murmuro en mi oído, "No puestas de sol, lo siento". ¡Mala suerte, amigo! No puesta de sol, no crepes. El chef alemán dijo que estaba por cocinar comida china para todos. Todos se dirigieron al mercado central por verduras frescas. Continuar caminando…

Mientras seguía al grupo alemán hacia el mercado central, no pude más que preguntarme—la chica alemana estaba en un viaje de mochilero en serio de seis meses. Cuando empaqué mis bolsas para un viaje como ese, tratare de minimizar mi equipaje. Pero ella había de algún modo conseguido apretar un vestido de noche en su mochila. ¡Oh mujeres!

Regresamos al albergue y ayudamos al chef alemán con sus preparaciones. Mientras comenzó a cocinar, salí hacia el comedor y agarré el libro de huéspedes para escribir algo en él. El libro estaba lleno de notas escritas en todos los tipos de idiomas y símbolos de alrededor del mundo. Me decidí a abrir la cuenta hindú y escribir algunas líneas. Mientras escribía, la alemana salió de la cocina y se sentó al lado mío.

"Eso es hermoso," dijo, recorriendo con sus manos a través de mi nota.

"Sabes hindú?" le pregunte inocentemente.

"No. No necesito conocerlo," me dijo mientras me miraba y esbozaba otra sonrisa hacia mí.

Mientras nuestras sonrisas se desvanecían, ella miro hacia el entrenador del surf sentándose en la sala de espera y dijo, "¿Sabes qué?, aquel tipo allí es peligroso."

Hmmm… ¿de dónde vino eso? Yo lo había notado el día anterior. Me había cruzado con él un par de veces cuando salía y le había probablemente hablado por cinco o diez minutos.

Claramente no era suficiente para formarme alguna opinión acerca de él.

"¿Por qué? ¿Te dijo algo a ti?" le pregunté.

"No le he hablado todavía," dijo ella.

"¿Entonces cómo sabes?" continúe.

"Así como sé que tú eres un buen tipo," me sonrió de nuevo.

"¿Cómo sabes? Podría fácilmente ser un tipo malo. Me has conocido por menos de un día," le dije.

"Mi corazón le hablo a tu corazón hoy." Otra sonrisa.

Mujeres, las vibraciones que tienen, sus corazones perceptivos, y los juicios que hacen—¡inescrutable!

El curry chino y el arroz estaban listos. Había pasado tiempo desde que había comido algo que no fueran empanadas o carne. Después de degustar nuestros primeros minutos de ininterrumpida indulgencia, comenzamos a tomar turnos y contar historias de nuestras vidas. Eran historias de inspiración, desengaño, amor, intriga, estupidez, desesperanza, triunfo, fracasos, perdida—lo que se nos viniera a nuestras mentes. La historia que sobresalió para mí fue la que el belga contó sobre su búsqueda por su madre real. Un hombre moreno alto, ojos marrones, y quijada cuadrada, el aprendió sobre su adopción en sus veintes. Desde el día que supo sobre ella, el encuentro con su madre era el único propósito de su vida. Mientras estaba explicando todos los obstáculos que había encontrado para cruzar a encontrarse con su madre real, casi que sentí que él había sido criado en otro planeta. Yo había tenido padres que me amaban y cuidaban, abuelos que me adoraban, una colorida familia extendida, una infancia protegida—todo lo que podría haber pedido. No había una sola sorpresa indeseada.

¿Qué es mejor—tener una infancia protegida y tomar pasos de bebé dentro del mundo real o yendo a través de traumas emocionales más temprano en tu vida? ¿Qué es lo que te prepara mejor para enfrentar los juicios y tribulaciones de la vida? ¿Sabiendo que tienes una familia que te quiere para apoyarte—o sabiendo que lo peor ya lo has superado? ¿Tiene algo que ver con crecer para mirar todo con un ojo cínico?

Con ojos húmedos, el belga estaba contándonos cómo se sintió cuando encontró a su madre por primera vez en su vida. Mientras me hubiese gustado, no podía sin embargo ponerme a mí mismo en sus zapatos. Oh bueno, era tiempo de ahogar todos nuestros sentimientos en alcohol e ir a bailar, ¡al estilo de Sur América! Eran casi la medianoche, y el gerente de nuestro albergue se había ofrecido a llevarnos a uno de los clubes sofisticados del pueblo. El hizo caber doce de nosotros en su jeep y nos dejó en la entrada del club. Era un miércoles o un jueves a la noche, pero aún había una cola larga para entrar. ¡Esto era Sudamérica!

Esperando afuera en la cola, podíamos sentir los parlantes adentro gritando los tonos reggaetones. Fuimos al balcón abierto del segundo piso y comenzamos a tomar nuestros tragos. Miré a la alemana y le pregunté si quería bailar conmigo. Ella bajo los ojos, miré el piso por un momento, y comenzó a hablar con otros en la multitud. ¡Eso fue interesante! De repente, ella estaba tratando de escaparse de mí. Ella mantuvo su distancia de mí por el resto de la noche, pero sus ojos no podían menos que jugar a las escondidas conmigo. Mientras conducíamos de regreso, me preguntaba por qué estaba tan nerviosa alrededor mío. Era difícil imaginar por qué ella estaría tan asustada de mí, especialmente después de compartir su vida conmigo. ¿O acaso estaba asustada de ella misma, asustada de caer por la pendiente resbalosa que termina en aguas oscuras de sentimientos? Fuera lo que fuese, me dejó sin pistas como cualquier otro hombre que ha intentado entender a las mujeres.

Eran pasadas las cuatro de la mañana cuando finalmente regresamos al albergue. Sabía que sería difícil para mí irme a dormir. En vez de regresar al albergue, caminé derecho hacia la playa—solo yo, mi arena, y mi océano. Me encantan los océanos. Ellos están siempre allí para nosotros—para escuchar nuestras historias, prestarnos un hombro, entretenernos, consolarnos. Ellos se lo llevan todo con ellos, sin devolver nada de regreso o enojarse por ello. Ellos lo continúan haciendo día tras día, cada día.

Mirando las olas, escuchando el océano; es como la vida—una construcción lenta que se rompe en una ola. Por un momento, la ola siente como que puede enfrentarse al mundo y cambiar sus rumbos. Se choca con otras olas y se da cuenta que hay cosas alrededor que pueden cambiar su curso. Entonces viene el choque. Mientras toca la costa, limpia todas las huellas en la arena húmeda, dejando detrás un techo limpio. En su regreso, ayuda a crear la próxima ola y desaparece silenciosamente en el abdomen del océano. ¡La historia se repite a si misma!

Miraba el cielo arriba: las estrellas sonriendo, la luna brillando, la brisa gentil, y las olas vagas. Mi amor estaba allí en alguna parte, preguntándose sin ningún objetivo en el cielo nocturno. Agarré un poco de arena suave y lo miré resbalarse de mi mano. Cerré mis ojos y examiné mi vida hasta ahora. Era como un prado hermoso, alargándose en el horizonte. El aire crujiente, el verde tranquilo, la serenidad y la vastedad del prado—todo estaba incompleto sin la profundidad de los cielos azules claros. Hay veces en que uno se siente con ganas de solo mirar por horas y no preocuparse de que pararse allí arruinara la belleza del prado. Hay veces en que solo quieres recostarte en el césped y mirar lo profundo del cielo, recordándote a ti mismo tu breve existencia. Existen veces cuando te enojas acerca de aquella nube inflada en los cielos azules claros. Hay veces en quieres permanecer mirando a aquel rayo que sale de las nubes oscuras. Y luego hay veces cuando solo quieres permanecer en el medio, abrir tus brazos, y zambullir las lágrimas del cielo. ¡Era uno de aquellos días!

Oh bueno, era tiempo de irme a la cama. En la mañana, me levanté cerca de las once, empaqué mis cosas, y agarré la carretera. Mientras me acercaba al desierto, mi mente recordaba el día anterior. Había sido un día mágico. Me complació reasegurarme a mí mismo el saber que aún tenía la capacidad de sentir amor, o algo similar. Era solo un paso cauteloso pequeño, pero un paso en la dirección correcta. Era ahora aquí cerca de la experiencia de empujarte al abismo de la primera vez. Afortunadamente o desafortunadamente, no había caída libre esta vez. ¡Pero era hermoso!

Mientras me dirigía hacia el norte a través del Atacama, algo continuaba tirando de mi corazón hacia Iquique. Me llevó de regreso a mi primer amor. Ella estaba parada a mi izquierda, mientras el profesor se presentaba a sí mismo. Realmente no me quedó su nombre cuando se presentó, pero no había apuro. Era un curso de semestre largo. Íbamos a estar juntos por tres meses.

"La mejor manera de ganar el Premio Nobel es trabajar con un laureado con el Nobel," el profesor comenzó su conferencia. ¿Premios nobeles? Era mi primer día de la universidad y estaba bastante seguro de que estaba en la clase correcta. Aquel anuncio, sin embargo, fue suficiente para entonarme de aquella clase. No hay premios para gente que no encuentra nuevas pasiones cada tantos años y siguen sus corazones. Y mi corazón había encontrado una nueva pasión. Estaba allí mismo, en la esquina izquierda de mi ojo.

Lo que siguió fue solo otra historia de amor no correspondido. Era más bien uno estúpido, realmente. Era mi turno de perder a alguien y caminar a través de las cuatro fases del duelo. ¡Era la jornada más enriquecedora y completa de mi vida! Por primera vez en mi vida, estaba caminando a través de las más oscuras y brillantes esquinas de mi mente. Estaba sorprendido de darme cuenta qué poco cuesta enamorarse de alguien. Era triste, pero también divertido darme cuenta de que era tan débil. Era hermoso saber qué podía amar a alguien más que a mí mismo. Y era el reaseguramiento de darme cuenta de que era tan irracional como todos alrededor mío. Enamorarme me enseñó que el mundo aparentemente lógico alrededor nuestro es solo una ilusión. Sabia cuán irracional era mi conducta, pero no tenía control sobre ella. Era así como se suponía debía ser, ¿cierto?

Mi introducción al amor me hizo pensar sobre la vida en maneras en que nunca lo había hecho antes. ¿Qué es acerca del amor que nos empuja a hacer cosas que de otro modo nunca haría? Tenía que encontrar una respuesta. Estaba leyendo acerca de la ciencia del amor. Tan irónico como suena, lo que aprendí era fascinante. La neurociencia sugiere que hay circuitos en el cerebro hechos de estructuras pequeñitas, con nombre divertidos tales como el núcleo tegmental ventral o el núcleo caudado, que gobiernan nuestras conductas cuando se trata del amor y el deseo. Estas pequeñas estructuras liberan químicos con nombres raros como dopamina y oxitocina cada vez que tenemos sexo o nos enamoramos. Y los circuitos que controlan el sexo y la atracción física son completamente diferentes de aquellos que controlan el amor. Si, adivinaste correctamente. Los humanos pueden tener relaciones físicas sin jamás enamorarse mutuamente. Y ellos pueden enamorarse sin jamás tocarse el uno al otro.

Algunos experimentos recientes sugieren que aún cosas como la capacidad de ser leal a tu compañero puede ser controlado por estas moléculas locas que circulan en nuestro cerebro. Y aquí está el goleador real: un cerebro enamorado es como un cerebro adicto a las drogas. El amor es la droga que crece en nuestra propia naturaleza—¡y es gratuita!

Aun cuando se trata de nuestras vidas diarias, parece como que nuestros cerebros están siempre buscando un sentido de racionalidad en el mundo que nos rodea. Podría simplemente ser por razones evolucionarias—sobrevivencia y reproducción—pero nuestros cerebros comienzan agarrando patrones en la naturaleza, y nosotros comenzamos a edificar nuestras vidas a su alrededor. Mientras los patrones de la naturaleza no cambian, todo parece ser lógico. Nuestros instintos evolucionarios nos hacen incluso pelear por la predictibilidad y la continuidad en la vida. Comenzamos a formar opiniones y a juzgar el mundo a nuestro alrededor. Comenzamos amando y odiando cosas. Las palabras como "siempre" y "nunca" se incorporan a nuestro vocabulario. Y entonces, algo inesperado pasa. Nos pone en situaciones que nunca habíamos sonado. Y ahí es cuando el recorrido de la montaña rusa comienza.

Mi primer amor fue mi primera caída libre de la montaña rusa. Fue un desesperado intento de colgarme a mí mismo, y estoy contento de que fracasara. Era un sentimiento hermoso. Me di cuenta de que no tenía idea de quien era. Aprendí cuan frágiles eran mis ideas acerca de mí mismo y mi sentido de lo bueno y lo malo.

Ahora que había estado allí y hecho aquello, es interesante ver gente que se ha enamorado al hablar de sus fuertes convicciones en otras esferas de sus vidas. Es como un círculo enorme de racionalidad. Nosotros humanos pasamos nuestras vidas enteras sentándonos en la orilla del círculo, tirando nuestras ideas dentro de ese círculo de vida racional. Y cuando se trata de personas que amamos, rápidamente nos alejamos del círculo, nos deleitamos en un poco de irracionalidad, y saltamos de regreso las vallas. Estamos listos para observar la vida de otros y preconizar acerca de la moralidad y la racionalidad. Si algo el amor me ha ensenado es flotar en una neblina moral y fortalecido mi aversión al dogma. Escuchando a gente a quienes solía evitar, entendiendo sus vidas y sus valores morales, analizándome a mí mismo más que juzgando a otros—la vida es un camino más hermoso cuando puedes ir en el asiento de atrás y observarte a ti mismo conducir.

Me cambié del asiento delantero al asiento de atrás para estirar los músculos doloridos de mi espalda. Mi cuerpo había empezado a quejarse después de un mes de recorrida en mi motocicleta. Como si no fuera suficiente, el sol del verano en el cielo inmaculado estaba derramando calor en el desierto de Atacama. Podía sentir la transpiración recorriéndome la columna mientras me acercaba a un restaurante y servicio abandonados. Paré al costado y comencé mi rutina de estirar mi cuerpo entero. Una parte de mi aún quería dar la vuelta y encontrar a la alemana de nuevo y conseguir su número de teléfono o dirección de email o algo para estar en contacto con ella. Pero también me daba cuenta que tan estúpido había sido el episodio entero. En vez de quedarme en la oportunidad perdida, comencé a apreciar la belleza de la coincidencia.

Es asombroso que un breve momento de amor pueda agregar un millón de clichés a tu vocabulario. "Si amas a alguien, déjalo libre" es más fácil decirlo que hacerlo. Pero, en aquella tarde de sol caliente, sentía como si hubiese finalmente aprendido como hacerlo. Mientras me retiraba de la estación de servicio, vi el desierto árido abrazando el largo camino. Miré hacia atrás el resto del área, una isla pequeña de sombra en el medio de un desierto quemante—un lugar para parar, relajarse, refrescarse, tomar un respiro profundo, y ¡seguir la ruta!

Mientras me concentraba en el camino por delante, comencé a evaluar mi propio renacimiento. Aquel sentimiento de encontrar a alguien especial, mostrando tus debilidades, sorprendiéndote a ti mismo, aprendiendo algo nuevo sobre ti mismo—había simplemente revivido la experiencia total y algo más. Había aprendido a dejarlo ir. Un fuerte creedor del matrimonio arreglado me dijo una vez que enamorara de una mujer después de casarme. Y entonces, esta aquel famoso dicho, "La gente se casa con aquellos que aman tal que ellos pueden dejar de pensar sobre ellos." Amor, relaciones, matrimonio, sacrificio—¡a cada uno lo suyo!

Mientras más escarbas en la ciencia del deseo y el amor, más comienzas a pensar sobre las implicaciones de estos descubrimientos sobre nuestra sociedad. Muy pocos descubrimientos científicos habían hecho el tipo de impacto sobre nuestro pensamiento acerca de nosotros mismos y el mundo que nos rodea que los descubrimientos neurocientíficos tendrán en el siglo veintiuno. Galileo desafió la noción de que éramos el centro del mundo. Darwin escribió el Origen de la Especies, que sugirió que no había nada especial acerca de los humanos en el reino animal. La mecánica quántica anuncio que el mundo no es de sentimientos y el árido anti-romántico trabajo de lo determinístico. Cuando se trata del futuro, solo puedes hablar en términos de probabilidades. Einstein vino y demostró que una cosa inescrupulosa llamada la velocidad de la luz en el vacío—no el tiempo en la forma en que lo percibimos—es la constante universal verdadera. El espacio y el tiempo son solo dos lados de la misma moneda. Muy pronto, la neurociencia tendrá un efecto disruptivo semejante sobre nuestra sociedad. Conducirá a un cambio grande en la forma en que los humanos piensan sobre ética, religión, moralidad, y, si, amor.

Estoy esperando por el día en que la ciencia reducirá todas nuestras emociones a un manojo de moléculas y químicos saltando sobre otros. Sera interesante ver como nuestra sociedad reacciona a ello. ¿Nos hará desarrollar maneras de alterar nuestras emociones? ¿Nos transformará en una sociedad de zombis? ¿Nos despertará a una "neblina de moralidad"? Es difícil decir hacia donde irá nuestra sociedad. Pero los fumadores conocen cómo cada fumada está afectando sus cerebros, los alcohólicos aún escriben poemas sobre su adicción, y ¡yo aun quiero enamorarme!

Por siglos, la guerra y la paz han definido la dualidad del hombre. La ciencia la transformará en la dualidad entre la llamado naturaleza de los sentimientos y la más simple, menos romántica biología.

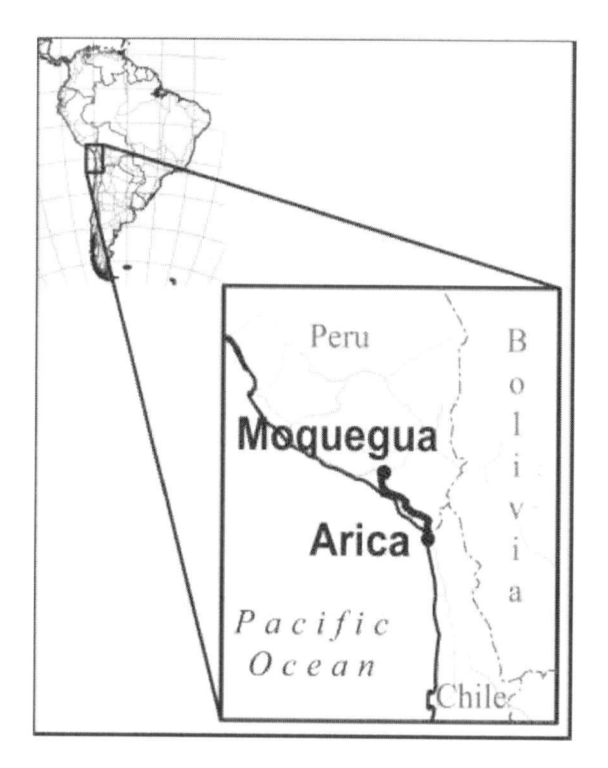

QUINCE
ATANDO EL NUDO

Era tarde cuando llegué a Arica. Fui a la misma estación de servicio con el bidón para el combustible para cargar mi motocicleta. Estaba esperando ver el joven de nuevo. Había terminado de usar el contenedor que él me había hecho comprar, pero aún quería agradecerle por la advertencia. Conduje hacia la estación de servicio y empecé a buscarle, pero no pude verlo. De algún modo, el mismo viejo que me había llenado el tanque hace un mes me reconoció y corrió hacia mí desde el almacén.

"¿Qué tal?" me pregunto una amplia sonrisa en su rostro.

"¿Recuerdas?" le pregunte inocentemente.

"Si, si," me dijo con otra sonrisa. Aparentemente, no mucha gente había hecho lo que yo estaba tratando de hacer.

Viéndole de nuevo me dio una extraña satisfacción. Pienso que era una mezcla de ver un rostro familiar en una tierra extranjera y un sentimiento de acercarme al final de mi aventura. La última vez que estuve allí, había hablado casi diez palabras. Pero después de un mes de viajar, era un hombre cambiado. Le pregunté sobre el joven, y me dijo que las vacaciones de verano se habían terminado y que él estaba de regreso en la escuela. Comencé a contarle sobre mi jornada mientras me estiraba. Cuando terminé de contarle acerca de los lugares en que había estado, me dijo que yo había visitado más lugares en Chile que lo que él lo había hecho en su vida entera. Me hubiese encantado continuar la conversación por un rato más. Desafortunadamente, el tanque estaba lleno, mi cuerpo estaba estirado, y era tiempo de irme.

En la frontera, había alguna confusión sobre quién era el dueño y quién el que alquilaba la motocicleta. Más allá de eso, el cruce de la frontera fue muy sin eventos. Estaba en Tacna antes de las siete de la tarde. La puesta de sol estaba todavía a una o dos horas, y Moquegua no quedaba lejos de Tacna. Para las diez en punto yo había encontrado un albergue barato en Moquegua, estacionado mi moto en el patio de un extraño, alimentado mí siempre hambrienta barriga, y tirado en mi cama de ciento ochenta por noventa centímetros. Un día más de viajar en mi motocicleta delante de mí.

Moquegua estaba a nivel del mar, y Cuzco estaba a solo dos mil o tres mil metros sobre el nivel del mar. No parecía mucho en el mapa, pero el gerente del albergue me había dicho que aquella era una ruta ventosa y que podría tener problemas por la altura. Me levanté temprano y comencé cerca de las ocho de la mañana. Los cielos estaban claros y el aire estaba crujiente. Todo parecía estar bien. Me sorprendió que estuviese terminando mi jornada sin sobresaltos. Encendí el motor y comencé mi jornada empinada hacia Cuzco. Habían pasado apenas media hora en mi camino cuando la motocicleta se paró. El motor de mi máquina estaba muerto. Sentí como si me hubiese dado mala suerte a mí mismo.

Paré la motocicleta a un costado y empecé a inspeccionarla. Nada estaba goteando, y la cadena aún estaba montada. Mi comprensiva inspección fue de menos de un minuto. Intenté tocar el motor y me di cuenta de que estaba muy caliente. ¿Debería ponerle agua? Mi botella de dos litros estaba llena hasta la mitad. El motor estaba tan caliente, que era como rociarle agua a una fogata.

Estaba evaporándose aún antes de alcanzar el motor.

Mire a mi alrededor. Estaba a medio camino del tope de la montaña. Estaba parado en medio de una vuelta en S. La montaña surgía sobre un costado y un plano enorme entre dos pequeñas colinas sobre el otro costado. No había estaciones de servicios, ni áreas de descanso, ni villas, ni puntos de inspección policial, y no había tráfico. ¿Debería reservar algo de agua en caso de emergencia o intentar enfriar el motor e ir a la civilización más cercana? Vacié la botella entera en el motor e intenté encenderla de nuevo. Nada. El motor estaba positivamente muerto. ¿Era la batería? ¿Se acabó el aceite? Le puse un poco de aceite e intenté encenderlo de nuevo. Nada. Me preguntaba si debería empujar la motocicleta de regreso a Moquegua. Estaba a por lo menos a veinticinco o treinta kilómetros de distancia. Estaba cargando la mochila, la chaqueta, los pantalones, el casco: empujándola de regreso era la última posibilidad. No estaba tan desesperado. Todavía era temprano en la mañana. Esperar, esperar, esperar—esperar por ayuda.

Por la primera media hora más o menos, estaba tratando de ser selectivo. Estaba esperanzado en encontrar una pickup o un camión con suficiente espacio en la parte de atrás para poner mi motocicleta. Tres autos pasaron en media hora, y ninguno de ellos paró. Uno de ellos disminuyo la velocidad y me dio una mirada de simpatía. Tenía un montón de equipaje con él. Su auto ya estaba lidiando en mantenerse en marcha con la carga. No había modo de que él pudiese ayudarme.

Después de aquella triste media hora, estaba listo para cualquier tipo de ayuda. Comencé a hacer señas a cada vehículo. Cuatro autos más pasaron. ¡Ahhh! Finalmente, un camión. Maldición, estaba repleto de cosas. El conductor permaneció mirándome mientras me pasaba. Redujo la velocidad, un poco más...la parada chirriante. No estaba seguro de como él me podía ayudar. Pero fue suficiente bueno en al menos parar. Había esperanza. Comencé a caminar hacia el camión. Un hombre trigueño alto, delgado, de orejas grandes salió del camión. Parecía que tenía algún tipo de salpullido en su rostro. Estaba cubierto de erupciones pequeñitas. Saqué el diccionario de mi bolsillo. ¡Estaba listo para rodar!

Después de diez minutos de conversación, saco una soga de su camión. Atando la motocicleta al camión con una soga era la única salida. No quería tomar otro riesgo; tenía cuarenta y ocho horas por delante para llegar a Cuzco. No quería esperar a que otro camión pasara.

Atamos la soga a una de las barras de suspensión. Le pedí esperar hasta que yo empezara. ¿Como nos comunicamos? Gritando era la única forma de comunicarnos. ¿Qué pasaba si él no me escuchaba? Le dije que me daría vuelta hacia el lado del conductor y usaría algunos gestos con las manos. Le pedí que mantuviera un ojo sobre su espejo retrovisor.

Mientras íbamos cuesta abajo, el camión realmente no me tiraba, de tal modo que la pendiente fue fácil. Luego vino la primera sección cuesta arriba. Allí fue cuando el camión comenzó a tirar de mi motocicleta en una dirección. Me di cuenta de mi error. Debería haber atado la soga a ambos barrotes de la suspensión. ¿Debería comenzar a gritar? ¿Debería hacerle señas? Íbamos cuesta arriba. Si hubiéramos parado, hubiera sido difícil tratar de empezar en un camino cuesta arriba. Decidí esperar hasta la siguiente pendiente. Después de cinco minutos de recorrido a lo yo-yo aquello me estaba tirando hacia la derecha, comencé a gritarle. Pero mi voz era solapada por el ruido del motor del camión. Maniobré la motocicleta hacia el costado del conductor y le hice señas, esperando que me atendiera. Paró al costado de la carretera, y atamos la soga de nuevo alrededor de ambos barrotes de la suspensión. ¡Habíamos balanceado el yo-yo, y estábamos de regreso a nuestro asunto!

Después de quince minutos más o menos, llegamos a un punto de control policial y un kiosco vendiendo bebidas y aperitivos. El policía en el punto de control estaba al menos asombrado. Claramente, nunca habían visto una motocicleta atada a un camión. ¡Yo tampoco!

El camionero se detuvo a un costado. Me bajé y estiré mi cuerpo entero. Estaba sorprendido de que mis hombros y espalda estuviesen todavía intactos después de la recorrida de yo-yo. Entré al kiosco y vi botellas de Gatorade en los estantes. ¡Cielos! Vacié un par de botellas heladas de Gatorade dentro de mi sistema. Cuando los camioneros habían terminado de tomar agua de la canilla que estaba afuera, me saqué la chaqueta y puse mi cabeza debajo del agua que corría. ¡Los placeres simples en la vida!

Después de descansar unos minutos, estaba listo para regresar al recorrido en yo-yo. Para entonces, había dominado el arte de recorrer una motocicleta atada a un camión. Utilizando los frenos para reducir el impacto de yo-yo, maniobrando hacia un costado, utilizando gestos con las manos—se había transformado en un recorrido divertida. Cuando nos preparábamos para irnos, le dije al camionero que esperara por mi grito para encender el motor. Llené mi botella con agua. Estaba guardándola en mi mochila cuando, por alguna razón, el camionero encendió el motor y comenzó a conducir. ¿Qué debería hacer ahora? Aseguré el portaequipaje de la mochila tan ajustado como pude y empecé a correr detrás de la motocicleta.

"Para, para, para," comencé a gritar tan fuerte como podía. Después de veinte o treinta yardas, finalmente me escucho gritar. ¡Uf!

Se estacionó al costado, me subí a la motocicleta, y volvimos a la carretera nuevamente. Otra media hora y estábamos en las afueras de Moquegua. Me llevó a su playa de estacionamiento y desatamos la soga. Le pregunté si conocía a algún mecánico en el pueblo. Me dijo que él no era de Moquegua pero que había un almacén a unas pocas cuadras de la playa de estacionamiento. Me sugirió que fuera allí y preguntara. Le pregunte si había un teléfono en la playa de estacionamiento. Me dijo que había uno en el almacén.

Había cuatro cabinas de teléfono y un almacén lleno de todo tipo de alimentos. Era un sábado lento a la mañana, con gente ocupada comprando pan, leche, huevos, y café. Entré y saqué el número de teléfono de la agencia de alquiler en Cuzco. El dueño del negocio me dio el código de área de la ciudad de Cuzco. Disqué el número y comencé a contarle la historia al tipo de la oficina de la agencia de alquiler. Le pregunte si podía dejar la motocicleta en Moquegua y tomar el autobús hacia cuzco. Mi escalada al Machu Picchu empezaba en Cuzco en cuarenta y ocho horas. No quería perdérmela por un problema con la motocicleta. Pero me dijo que debía traer la motocicleta de regreso. No quería que la dejara en Moquegua. Me pido que buscara un mecánico, hiciera arreglar la motocicleta, y regresara a Cuzco. Le dije que averiguaría al respecto.

Colgué el teléfono y comencé a hablarle al propietario del negocio. Me dijo que había un mecánico en el centro. Estaba a por lo menos tres o cuatro kilómetros de allí. ¿Cómo llevaríamos la motocicleta hacia allí? No teníamos idea. El dueño del negocio me pidió que esperara otra hora más. Él no podía dejar el negocio sin atender. Pero me dijo que me ayudaría en una hora cuando alguien más supuestamente vendría para atender el negocio.

¡La entrada del hombre de la hora! Un tipo petizo de mediana edad de cabello gris y una barriga grande entro con una bolsa de mercadería mientras yo estaba discutiendo el problema con el dueño del negocio. Cuando el dueño me dijo que él me ayudaría en una hora, exhale un respiro de alivio. Y ahí fue cuando el extraño interfirió.

"¿De dónde eres?" comenzó.

"Soy de la India," le dije.

"La India! Gandhi," dijo con una amplia sonrisa.

"No se preocupe," me dijo en un tono firme. Por alguna razón, había decidió tomar el asunto en sus manos. Le hizo señas a un taxi. Fuimos directamente hacia lo del mecánico de motocicletas en el centro. Mientras conducíamos por la ciudad, me dijo que un negociante chico proveniente de Arequipa que visitaba Moquegua fin de semana de por medio. Me preguntó si tenía dinero suficiente. Saqué mi fajo de billetes y le dije que tenía suficiente. Pero él se dio cuenta de que no tenía ningún cambio. Me pidió que guardara el dinero en el bolsillo y no lo sacara de allí. Estaba un poco desconcertado por lo que me estaba diciendo, pero asentí con la cabeza. ¿Estaría realmente llevándome al mecánico?

Mientras nos aproximábamos al centro, comprendí el por qué. Estábamos conduciendo a través de callejones estrechos alineados con edificios pequeños de dos o tres pisos hacia nosotros. Podíamos ver todo tipo de vehículos—autos, motocicletas, camiones—estacionados sobre ambos lados de los callejones. La "ruta abierta" era casi suficiente para que un auto pudiese pasar. Y el centro de la ciudad estaba lleno de todo tipo de negocios: supermercados, ferreterías, garajes, kioscos, negocios infestados de moscas vendiendo carne, cabinas de teléfonos, restaurantes, puestos en las veredas vendiendo hamburguesas y perros calientes—lo que buscases. Añade la multitud del sábado por la mañana a la mezcla, y tienes una escena muy caótica. Hubiese sido estúpido sacar mi fajo de billetes en aquel loco ajetreo.

Mi nuevo amigo pagó por el recorrido en taxi y comenzó a explicarme la situación del mecánico. Uno de sus muchachos agarró sus herramientas y se nos unió en nuestro camino de regreso a la playa de estacionamiento. Cambió la batería e intento encender la máquina. Nada. Intentamos empujar la motocicleta en la pendiente hacia abajo y encendimos la segunda marcha. Eso tampoco funcionó. El mecánico dijo que tendría que abrir el motor para ver lo que estaba mal con la moto. Así que teníamos que llevar la moto al taller de reparación.

"¿Tiene lana?" me pregunto.

"Si," le dije con una sonrisa. La soga había sido mi salvadora más temprano aquel día.

El primer par de taxis se negaron a atar la motocicleta a la parte de atrás de sus taxis. Estaban asustados de la policía. El tercero aceptó. Mi amigo y yo nos subimos. El pobre mecánico estaba observando un circo atado al taxi.

Para el tiempo en que habíamos regresado al taller de reparaciones, nuestro circo se las había arreglado para atraer una docena de curiosos observadores. Mientras bajábamos y desatábamos la motocicleta, un par de ellos intentaba entablar una conversación, pero se dieron por vencido cuando se dieron cuenta de que mi español era muy pobre para discutir problemas de motocicletas. Mi vocabulario sobre el problema de la motocicleta se limitaba a cadena buena, aceite no problema, pero moto mal. No había mucho para continuar más allá.

Mientras me alejaba del grupo, ellos empezaron a deliberar sobre mis problemas y posibles soluciones. La escena entera me recordaba a la India, el modo en que un manojo de observadores se juntaría y discutirían los problemas de un extraño. En los Estados Unidos, solo llamas al 911. Tú no te "impones" sobre otra gente. Así que viendo la preocupación en los rostros de aquellos peruanos era, de alguna manera, muy gratificante.

Entré en el negocio de la puerta de al lado y traje algunas papitas para conseguir algo de cambio. Mi nuevo amigo ya le había pagado al taxista y estaba preparándose para irse. Le pagué el doble de dinero de lo que le debía. Su primer instinto fue declinar el dinero extra. Pero cuando se dio cuenta de que no le estaba aceptando que se rehusara, aceptó y me dio un abrazo. Una vez más, estaba sin palabras. ¿De dónde sale esta gente? ¿Y cómo me las arreglo para encontrarme con esta gente buena todo el tiempo?

Le llevó al mecánico como media hora darse cuenta de que el motor estaba trabado. Iba a tomar un par de días y unos cientos de dólares arreglarlo. Le di el número de teléfono de la agencia de alquiler, y él les dijo lo que estaba mal con la moto. Cuando terminaron de hablar, el tipo de la agencia de alquiler me dijo que dejara la motocicleta allí y que me tomara un autobús de regreso para Cuzco. El mecánico me ayudo a negociar un precio justo para el recorrido en taxi hacia la parada del autobús. Él también me dijo cuanto debería pagar por el autobús hacia Arequipa. ¡Adiós, amigo!

¿Parada de autobús? Era una calle grande alineada con autobuses de todos los tamaños, formas, y colores, y multitudes de gente corriendo alrededor, buscando una oferta. Mientras me bajaba del taxi, fui embestido por todos tipos de gente tratando de venderme boletos de autobuses para casi todas partes. Me alejé de la multitud y comencé a buscar una oficina.

"Arequipa, Arequipa, Arequipa," un tipo estaba gritando. "Quince, quince, quince."

"¿Cuánto para Arequipa?" le pregunté mientras me aproximaba.

"Quince," me dijo mientras me llevaba hacia el autobús.

"No, treinta, treinta," le dije mientras comenzaba a resistirme. El mecánico me había dicho que el boleto no debía costar más de veinticinco o treinta. Quince sonaba un poco caro. Pero mientras me dirigía hacia el otro lado, lo vi riéndose y me di cuenta de mi error. Había confundido quince con cincuenta. Él me estaba pidiendo quince pesos y yo le había ofrecido treinta. ¡Estúpido! Quince, era realmente más barato que el rango de veinticinco a treinta que el mecánico había sugerido. Es gracioso como tu cerebro te juega malas pasadas algunas veces. Había estado en Sud América por cinco semanas. Y mis números en español no eran tan malos. Pero es fácil equivocarse en lo básico cuando estás esperando que la gente se aproveche de ti.

"Quince" regresé inmediatamente y le pregunté. Pero muy tarde. Él se había dado cuenta de que no sabía mis números en español.

"Si," me dijo mientras me condujo hacia sus oficinas. Me dio un recibo de quince pesos y me hizo pagar veinticinco. Cuando le pregunte acerca de ello, me dijo que los diez pesos extras eran por el equipaje. Le pregunte si me podía dar un recibo por los diez pesos. El ignoró mi pregunta y apuntó hacia el autobús. Oh bueno, todavía estaba en el rango de entre veinticinco a treinta pesos que yo esperaba. No insistí más allá y me dirigí hacia el autobús.

Mientras subía, la dama sentada cerca de la puerta me pidió mi recibo. Pensé que era la colectora de boletos. Mientras ella abría el recibo doblado, me preguntó cuánto me habían cargado. Ella vio los quince en el recibo y asintió aprobando. Le conté que me habían dado un recibo por quince pesos pero que había pagado diez pesos extras. Eso le dio bronca. Inmediatamente se levantó de su asiento y me llevo de regreso hacia la oficina. Cuando llegamos al mostrador, reclamé de nuevo sobre los diez pesos extras. El hombre y la mujer adentro comenzaron a pretender que no existíamos. Eso hizo que la dama que estaba conmigo se enojara más. Comenzó a gritar y a demandar los diez pesos de regreso. Observadores comenzaron a acercarse. El trató de ignorarnos un poco más, pero probablemente se dio cuenta de que estaba perdiendo credibilidad entre la gente local. Después de diez minutos de ignorarnos, el hombre de la agencia finalmente me devolvió los diez pesos. La dama que me acompañaba estaba feliz, y todos regresamos al autobús. ¡Otro ángel!

Abordar el autobús fue como entrar a una sauna. El autobús estaba agarrando todo el calor del verano de Moquegua. Guardé mi chaqueta en el compartimento superior y agarré un asiento al lado de la ventana. Respiré profundo y comencé a pensar en lo que quedaba del día. En aquella hermosa mañana de mi segunda vida, me las había arreglado para tomar un paso más adelante y experimentar algo que nunca había experimentado en mi primera vida. Había aprendido como se siente sobrevivir de los favores ofrecidos por otros. Pasamos la mayor parte de nuestras vidas bajo la ilusión del libre albedrio estando en control de nuestras acciones. En aquel día, yo todavía no tenía aquella ilusión del libre albedrio. Estaba a la merced de los peruanos. Les había dado a los peruanos un montón de oportunidades de robarme, engañarme, o hacer todo lo que ellos quisieran conmigo. Pero todavía estaba vivo y coleando. Era un triunfo pequeño de la bondad de la gente sobre la maldad.

Era también interesante apreciar el legado del Mahatma Gandhi en un país como Perú. Casi todos los peruanos con quien me había encontrado no habían nunca conocido un hindú antes, pero la mayoría de ellos conocía a Gandhi. Su mensaje de paz y no violencia, más que algún otro mensaje de cualquier otro líder en la historia de la humanidad, reverberaba a través de todas las esquinas del mundo. Irónicamente, aquel mensaje y aquel legado parecen estar perdidos en la mayoría de los hindúes de hoy. Había mucho más de su personalidad. No puede ser trivializado en paz y no violencia. Y el problema de la libertad de la India no puede ser trivializado en los esfuerzos de un hombre. Pero los humanos han raramente visto, si es que lo han hecho, a alguien con el coraje de la convicción de Gandhi. Como Einstein y Hitler, Gandhi extendió los horizontes de nuestra imaginación y dejé una marca permanente en la raza humana. Suficientemente extraño, los tres fueron contemporáneos. Desearía haber pertenecido a su generación. Para ya encerrarlos en una habitación y escucharlos debatir…

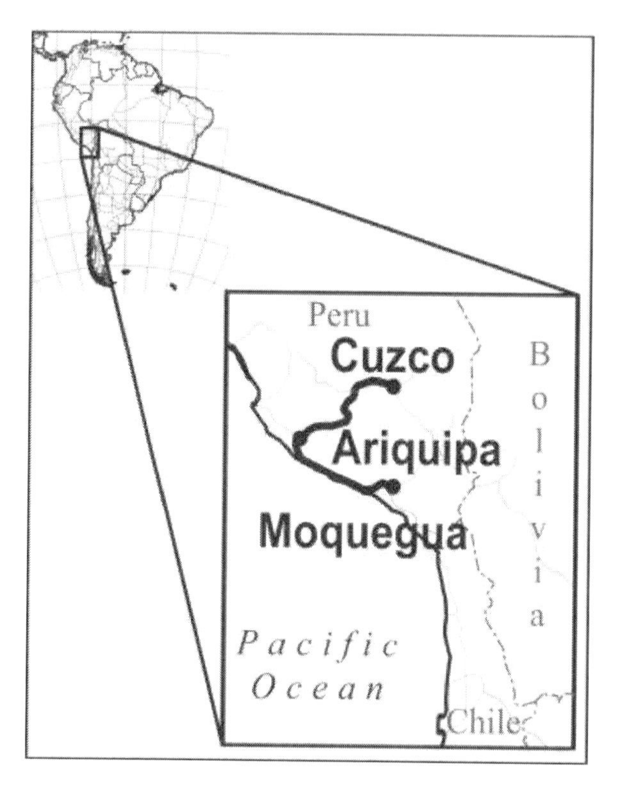

DIECISEIS
HÁBLAME

Tres rostros jóvenes subieron las escaleras y comenzaron a buscar asientos. El desaliñado, con el rostro sin afeitar, el de cabello revoltoso se sentó al lado mío. No le llevó mucho tiempo darse cuenta de que era un extranjero. Intercambiamos cumplidos. Y me sumergí directamente en mi historia: de dónde era, dónde había empezado mi jornada y qué camino había tomado, lo que quería hacer después de mis vacaciones. Cinco minutos exactos. ¿Ahora qué? El autobús no había terminado conmigo. Arequipa estaba aún a tres o cuatro horas de distancia. Tenía que encontrar algo para decir. ¡Su educación! Me contó que quería un título en geología, pero tuvo que dejarlo porque no tenía suficiente dinero para terminar la Universidad. Estaba trabajando en alguna mina de cobre alrededor de Arequipa.

Me pregunto sobre mi educación. Hmmm… como lo que es la neurociencia a un minero en Perú? Comencé con "neurociencia". No funcionó. Comencé a buscar en mi diccionario la palabra en español para cerebro. Sabía cabeza. Después de cinco minutos de lenguaje de señas y español precario, me dio la palabra de que estaba buscando.

"Entender como el cerebro trabaja." Era lo mejor que pude articular.

"¡Ahhhhh!" comenzó a asentir con su cabeza lentamente. ¡Woohoo! Tenía una sonrisa de Misión Cumplida sobre mi cara.

El festejo no duró mucho, sin embargo. Muy pronto, mi sonrisa fue inundada por las preguntas en español.

"Más lento, por favor," dije por millonésima vez. Continuamos con otra vuelta al lenguaje de señas. Después de diez a quince minutos, finalmente entendí su primera pregunta: "¿Sabes por qué Jesús puede caminar sobre el agua?"

¡Maldición, eso era un comienzo muy duro! Por un momento, me arrepentí de contarle que era un estudiante de neurociencias. Todo lo que podía hacer era poner mi cara de tonto y mirar el techo del autobús en marcha. ¿Dónde comenzar? ¿Debería decirle que nadie puede caminar sobre el agua? ¿Debería decirle que aquel tópico no es cubierto por la neurociencia? ¿Debería contarle que no soy religioso? No puedo usar ingles aquí. Después de un minuto de silencio, el comenzó a hablar nuevamente. Aparentemente, una mirada en blanco era una respuesta aceptable. Quizás reforzaba su idea de que Dios era súper humano.

Después de otra fiesta más de lenguaje de señas, entendí su próxima pregunta: "¿Cómo puede alguien prender fuego a un objeto concentrándose en el objeto?"

Esto iba claramente en la dirección equivocada. Le pregunte si era religioso. Era un católico devoto. Le conté que había nacido en una familia hindú. Pero me frené de contarle que era ateísta. Por unos minutos, la discusión se movió hacia el hinduismo y los múltiples dioses en aquella religión. Le conté que era similar al antiguo sistema griego, pero parecía que él no estaba cómodo con los dioses múltiples. Y cuando le dije que era un ateo, él tuvo una mirada de desconcierto en su rostro. Adivinó que era difícil para el imaginar que alguien no creyente en Dios, especialmente cuando ellos tienen tantos de donde elegir. Pero aquella admisión mató la conversación.

En aquel momento torpe, me di cuenta de que tan amplia era la brecha entre lo vanguardia de la ciencia y las vidas diarias de la gente. Mis pensamientos a la deriva regresaron a aquella isla caribeña que había visitado años atrás. Habíamos estado en un día largo de crucero, visitando todas las islas pequeñas alrededor de la Isla de la Unión. Mientras nos aproximábamos a una de las islas más pequeñas, el guía de turismo nos contaba que cerca de quinientas personas vivían en aquella isla. No había gobierno formal, ni estación de policía, y tampoco hospital. No había mineros, investigadores, comerciantes, burócratas. La gente iba a pescar cada día, y regresaban a la comunidad a comer, beber, y ser felices. ¿Cómo reaccionarían si les dijera que estaba estudiando neurociencia? Probablemente pensarían que era realmente malo para pescar; solo andaba vagando, porque no se nada mejor que hacer; perdiendo mi tiempo en la ciencia y no siendo útil a la sociedad.

Me hizo preguntarme cuan hermosas eran sus vidas allí. No tenían que preocuparse acerca de la estabilidad de sus trabajos, el pago de la hipoteca, regresar las llamadas perdidas, controlar sus inversiones, o los celulares vibrando, liberando nueva correspondencia a cada minuto. Seguro, la ciencia nos había hecho entender como todo alrededor nuestro funciona y por qué funcionan de la forma en que lo hacen. Nos había ayudado a satisfacer nuestra curiosidad y a prolongar nuestras vidas. Pero ¿nos había hecho más felices? Si es que algo había hecho, el mundo aún más complejo e interconectado había incrementado nuestras ansiedades. Temor, celos, amor, aversión, deseo, ambición, odio—aún después de cuatrocientos años de desarrollos tecnológicos, aún vivíamos en una sociedad Shakespeariana.

¿Era la gente de la isla más feliz con su estilo de vida? ¿De que tenían curiosidad? ¿O se lo dejaban a Dios cuando las cosas eran incomprensibles? ¿Como sociedad, acaso habían desarrollado algún concepto de Dios?

El minero rompió mi cadena de pensamientos. Él no había terminado conmigo todavía. Empezamos a hablar sobre deportes. Fútbol, criquet, bádminton, basquetbol; esa era la parte fácil. Luego el cambio a algo más complicado—al menos así lo parecía. Estaba tratando de explicar algún tipo de juego que involucraba animales. Hablaba del desierto del Sahara y las junglas africanas. Luego hablaba sobre reyes. ¿El rey de la jungla? ¿Un león? Primero pensé que hablaba de la cacería. Quizás estaba tratando de utilizar la analogía cazador-presa para explicarlo. Pero cuando utilice el gesto de armas, me dijo "No, no, no."

Me di por vencido. Él fue más persistente. Tomó un descansó, regresó, y dibujó una grilla sobre su mano. ¡Él estaba hablando del ajedrez! ¡Guau! Quince minutos de trabajo duro para traducir una palabra. No sé por qué, pero ambos teníamos una gran sonrisa en nuestros rostros.

Es impresionante como siempre tomamos el lenguaje como concedido. Los biólogos evolucionistas dicen que nuestra capacidad para comunicar nuestros pensamientos e ideas es una de las razones más grandes por el que los humanos llegaron a dominar otras especies animales. Y en aquel día, comprendí por qué. Me hizo apreciar todo el trabajo duro que nuestros ancestros habían tenido para definir un set de reglas y palabras para comunicarnos. Ni siquiera sabía por qué él había sacado el tema del ajedrez, pero nos estábamos comunicando, en una forma muy primitiva. Y era divertido. ¡La belleza impactante de intercambiar ideas!

Entonces me pregunto si era bueno para el ajedrez. Él había hecho alguna conexión entre estudiar el cerebro, ser inteligente, y ser bueno en el ajedrez.

"Más o menos," le dije. Más o menos. Los soñadores no somos tan buenos en el ajedrez.

Era mi turno ahora. Comencé a preguntarle sobre su vida como minero. Estaba dubitativo de preguntarle sobre su sueldo. Pero para entonces, nosotros habíamos establecido una buena relación. Le pregunté cuánto ganaba, cuánto era el alquiler, cuánto gastaba en alimento y bebidas, si ayudaba a sus padres, cuántos días de vacaciones tenia, lo que le gustaba hacer en sus vacaciones. Me di cuenta que estaba ahorrando al menos un tercio de su sueldo, si no más. Eso sonaba como un buen negocio. Le pregunte si quería más dinero.

"Sí" dijo enfáticamente.

¿Qué haría con el dinero extra? No tenía una respuesta a eso, pero parecía que la codicia había estaba firmemente plantada en la mente del peruano. Era solo cuestión de controlar aquella codicia con alguna combinación de regulaciones del gobierno y las fuerzas del mercado. ¡Y yo estaba escatimado de culpa por conducir una motocicleta a través de Sud América sin acoger ninguna intención de comenzar una revolución!

El ejercicio mental de hablarle al minero me había desgastado. Ni me había dado cuenta de cuando me dormí. El caos en la parada de autobuses de Arequipa me trajo de regreso al mundo real nuevamente. Bajé del autobús y comencé a nadar a través del mar de gente reclamando mi valija. Mientras alcanzábamos el maletero, le pregunté al minero si había estado en Machu Picchu.

"Me encantaría ir, pero es muy costoso para los peruanos," dijo el minero aplastado.

El Sitio de Herencia Mundial, edificado por sus ancestros, estaba fuera del alcance de la mayoría de los peruanos. El cogió sus bolsos y desapareció en el caos con sus otros amigos. Continué mirándole hasta que desapareció en la multitud. ¡Mi primera conversación real en español!

La dama que había salvado mis diez pesos me tocó los hombros y me pidió mirar su equipaje, mientras iba a conseguir los boletos para Lima. Le pregunté si me podía ayudar a conseguir un boleto para Cuzco. Ella asintió con la cabeza y desapareció. Agarré mi mochila y manejé su equipaje hasta que ella regresó. Me dio el número de una ventanilla para el boleto de autobús para Cuzco. Me tiré en el mar de gente y comencé a navegar hacia mi ventanilla para Cuzco. Cuando llegue a la boletería, el operador del autobús para Cuzco me dijo que tenía dos horas de espera. El internet vino a mi rescate. Les mandé un email a mi familia y amigos sobre la historia de la grúa, comí algo, subí al autobús, y me dormí antes de que el autobús dejara Arequipa.

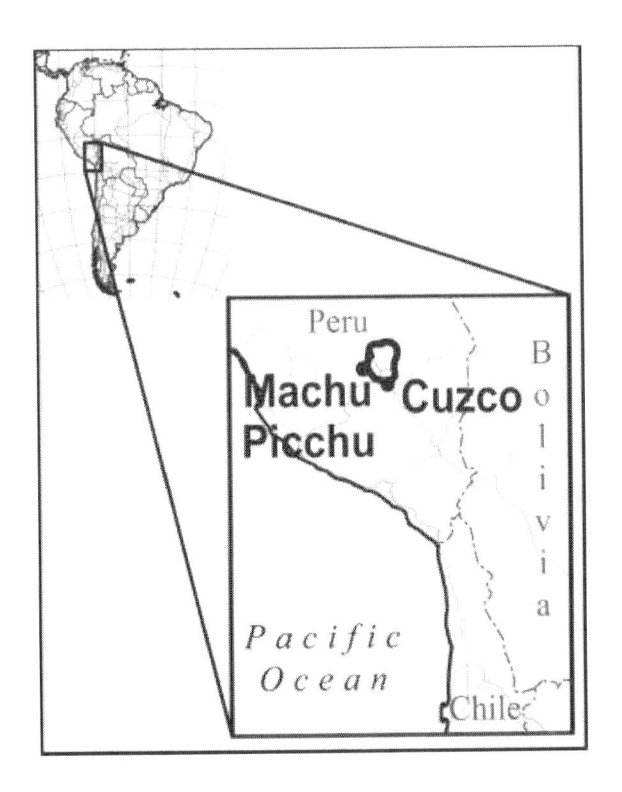

DIECISIETE
LA FIEBRE DE LA SELVA

Me desperté a las vistas y sonidos y olores de Cuzco. Mi viaje en motocicleta había finalmente terminado. Pero estaba entusiasmado sobre la caminata al Machu Picchu del día siguiente. Iba a ser mi primera caminata a través de la selva. Era un viaje de cuatro días: una mitad del día de bicicleta de montaña en el primer día, quince kilómetros por día paro los próximos dos días, y la excursión en pendiente al Machu Picchu en el último día. Fui a la agencia de alquiler de motocicletas, regresé la chaqueta, los pantalones y el casco, me llené con algo de comida picante peruana, y enfrenté el saco de dormir. ¡No quería estar deshidratado al día siguiente!

El operador del tour me despertó a las cinco de la mañana. La primera orden de día era conseguir el boleto de tren para mi jornada de retorno. Pronto después de eso, me encontré con que la excursión en bicicleta de montaña estaba cancelada debido al alud a los costados del camino. Teníamos que tomar el autobús hacia nuestro destino del primer día. Para las siete de la mañana estábamos en la parada de autobús nuevamente. Allí fue donde conocí a nuestro guía de turismo y a mis otros compañeros de camino. Era una pareja americana joven, estudiantes de una universidad chica del sudeste. Se habían tomado un semestre de descanso para aprender español en Argentina, y estaban en Perú de vacaciones.

La larga recorrida de autobús nos llevó a través de campos hermosos alrededor de Cuzco y dentro de montañas cubiertas con selvas. Era la primera vez que veía el lado verde de Perú. Pasamos la mayor parte del tiempo presentándonos y aprendiendo sobre los otros. Más que eso, fue un día sin mayores eventos.

Los siguientes tres días fueron pura felicidad. La joven pareja nunca había hecho una excursión antes. Mientras nos sentábamos para cenar en la primera noche, les pregunté si estaban listos para la prueba de fuego. Dijeron que ambos estaban en la primera división de atletas. El joven corría y la chica era jugadora de voleibol. Eso era afirmativo. Pasamos el resto del anochecer hablando sobre nuestras vidas, jornadas, sueños, aspiraciones—lo usual. Ambos estudiaban artes liberales. El muchacho quería unirse al Enseñar por América (Teach for America) después de graduarse. Estaba pensando sobre conseguir un título en gerente de deportes y estaba explorando dirigencia y contrato de deportes como opciones de carrera. La chica no estaba tan segura sobre su vida.

Comencé a hablar sobre mi carrera de obstáculos en la academia. Cuando la discusión se movió hacia la neurociencia, la chica confesé que había tenido un problema de aprendizaje. Habló sobre sus problemas con el tratamiento mal manejado y como la había afectado. Lo seguí con lo que sabía sobre el cerebro y los problemas del aprendizaje. Muy pronto, su sed por entender los misterios del cerebro fue mucho más allá de mi conocimiento de los órganos pequeños. Pero, suficientemente seguro, al final de mi sermón de neurociencia, había hallado un convertido. ¡Me hizo preguntarme por qué su mentor o consejero de la universidad no le había hablado de la neurociencia!

Estaban curiosos de saber por qué tantos estudiantes de la India y China se destacaban en la universidad, mientras que los estudiantes estadunidenses le escapaban a la matemática y la ciencia. Discutimos la competición fiera en India y China y como el temor de ser dejado de lado les empuja a trabajar más duro. Hablamos acerca de cómo el gobierno estadunidense había tejido una cadena de seguridad de trabajo que un estadounidense promedio no tiene que pelear a través de los años universitarios para sobrevivir. Ellos pueden ganar unos buenos cuarenta a cincuenta dólares por día en los McDonald's de sus vecindades. Por el otro lado, existe el énfasis en el aprendizaje de rutina en India y China. Mientras los hindúes y los chinos consiguen puntajes excelentes, muy pocos de ellos son creativos cuando se trata del pensamiento independiente e investigación. ¿Bueno? ¿Malo? Eso depende del ojo del espectador.

Regresamos hacia nuestro guía de turismo, quien tenía problemas para seguir nuestra conversación. Él tenía su propia historia. Nacido y criado en Cuzco, era uno de cinco. Se había graduado con un título en estudios incaicos. Y nos dio una breve introducción sobre los Incas y la conquista española. Al día siguiente, mientras nos llevaba a través de las selvas, nos dio una conferencia, sobre todo, desde la historia del Imperio Inca y el valle de Cuzco, la sobrevivencia en la selva, la cultura y economía local, las festividades y ceremonias tradicionales Incaicas, hasta las políticas de turismo en el país. Pasamos dos días enteros de excusión a través de la selva, evitando pantanos, saltando a través de corrientes, encontrando criaturas extrañas, disfrutando las cataratas, rezándole a los dioses incaicos, tomando teleféricos, masticando hojas de coca, y caminando a través de deslizamientos de tierra. Era surreal, casi una experiencia abrumadora.

Para el final del segundo día, la chica tenia de todo, pero no se daba por vencida de la excursión. Sus ampollas no estaban ayudando. Pero ella no renunciaba. Era nuestra única oportunidad de ver el lado rural de Perú.

Permaneciendo en moteles improvisados, conociendo peruanos del campo, y comiendo en lugares que se parecían a los puestos en las veredas me recordó la India rural donde había pasado la mayor parte de mi infancia.

Para cuando llegamos a Aguas Calientes, aún una ducha caliente era tan buena como el paraíso. Mientras nos despedíamos de nuestro guía de turismo, Le pagué unos pesos extras y le di mi libro de frases de inglés-español. El libro de frases nos había ayudado mucho en nuestras conversaciones. Ya que él era el guía de turismo, no saber inglés iba a ser una mayor falencia para él que para mí no saber español. Cuando le di mi diccionario, tenía una sonrisa de oreja-a-oreja en su rostro. ¡Ah, la alegría de dar!

* * *

Era el día final de mi aventura. Había dejado lo mejor para el último. Nos despertamos en medio de la noche y deje el hotel antes de las cinco de la mañana. Teníamos que escalar el Machu Picchu antes de las diez de la mañana para ganarle a la gran multitud de no-excursionistas. Estábamos a un tercio de nuestra subida cuando el sol finalmente brillo en nuestros locos traseros.

Alcanzamos la cima de la montaña después de un buen esfuerzo de dos a tres horas. No era nada comparado a la Orilla Norte del Gran Cañón. Pero, después de dos días de hacer quince kilómetros a través de la selva, estábamos exhaustos. Permanecimos sobre la orilla observando el pueblo entero de Machu Picchu para vislumbrar la antigua ciudad. Machu Picchu estaba aún durmiendo. Todo lo que podíamos ver fueron sus piernas saliendo de la cobija blanca de nubes. El sol, su amante, estaba jugando con ella, tirando de la cobija desde todas las direcciones para vislumbrar su cuerpo. Ella era una chica tímida, consciente de su cuerpo desnudo, intentando taparse con las nubes. O quizás ella no era consciente de su belleza. El problema persistió por una media hora. Ella mostró el camino, mientras el sol finalmente se imponía.

Raramente experimentamos momentos cuando nos quedamos sin palabras. Un viaje cansador de seis semanas, a través de las selvas, sacándonos de nuestras camas en el medio de la noche, las nubes probando nuestra paciencia y luego, un toque de cielo. Vigilado por altas imponentes pendientes a todos lados, había una pequeña ciudad bonita saliendo de las piedras grises. Las enormes piedras cortadas con precisión, la arquitectura, los templos, los canales, las tierras verdes lozanas, los campos cuidadosamente tallados sobre las pendientes—la vista del Machu Picchu era impresionante. Una ciudad edificada por quinientos incas ahora atraía quinientos visitantes por día. Mientras nuestro guía de turismo comenzaba su tour del Machu Picchu, empezó explicando la importancia de algunas estructuras. Describió el conocimiento de los incas de los ciclos solar y lunar y su entendimiento de los patrones del clima. Nos contó la leyenda de cómo la ciudad sobrevivió a la invasión española. Todo se sumaba al aura del Machu Picchu. Mientras concluía su excursión guiada, escalamos el Waina Picchu, el hermano mayor del Machu Picchu y comenzamos a salir de la ciudad perdida.

Mientras estaba siguiendo mi camino de regreso a la entrada del Machu Picchu, noté una pareja de damas de mediana edad buscando la salida. Parecían hermanas, y parecía que la mayor estaba con dolor severo. La más joven estaba peleando por llevar las carteras y ayudar a su hermana a bajar las escaleras. Sostuve la mano de la hermana mayor y le ayudé a bajar las escaleras. Me dijo que era de la parte sudeste de los Estados Unidos. Ella estaba jubilada, y su hermana más joven estaba todavía activa en la industria del cuidado de la salud.

Me llevó como diez minutos ayudarle a descender las escaleras. En esos diez minutos, ella debe haberme agradecido al menos cien veces por ayudarle a descender. Y mientras estaba esperando en la cola de la entrada para que me sellaran el pasaporte, ella me preguntó si podía tomarse una foto conmigo. Me dijo que nadie le había nunca ayudado así. ¡Ella quería algo para recordar me como el muchacho que le había ayudado a bajar las escaleras del Machu Picchu!

¿Una foto por ayudar alguien a bajar las escaleras? Durante mis cuarenta días de ruta, cientos de personas me habían ayudado. Había también ayudado a unos pocos. Pero había raramente sentido la necesidad de tomar foto de la gente que me había ayudado. Tampoco los peruanos o chilenos o los argentinos que yo había ayudado. Había escuchado todo tipo de clichés acerca de cómo la industrialización nos había aislado de nosotros mismos. Pero era la primera vez que yo experimentaba el sentido profundo de aislamiento en alguien. ¿Como una sociedad, es ahí a donde nos dirigimos? ¿A tomar fotos de la gente que nos ayuda?

DIECIOCHO
VUELO DE LUJO

Las ampollas estaban matando a la chica estadunidense, así que la pareja decidió tomarse el autobús de regreso hacia Aguas Calientes. Yo no había terminado con mi juerga de excursión. Decidí caminar de regreso con los australianos quienes eran parte del grupo. Fue solo un par de horas extras de excursión. Estábamos de regreso en la ciudad para las dos o tres de la tarde.

Comenzó a llover mientras subíamos los escalones de nuestro hotel. El tren de Ollantaytambo era a las siete de la tarde. ¿Cómo mataría cuatro horas? Limpié, empaqué mi bolso, tomé una siesta, y llegué a la estación de trenes una hora antes de la partida. Estaba lloviendo tan fuerte que ir al negocio de suvenires no era una opción. Comencé a charlar con la gente en la sala de espera. Una pareja de chicas adolescentes de Inglaterra había tomado un semestre de descanso para viajar a través de Sud América. Eran de un pequeño pueblo en el Distrito del Lago. Unos pocos minutos en la conversación, me di cuenta de que eran del mismo pueblo que yo había visitado unos años atrás. Les conté del bar que había visitado en aquel pueblito. La camarera se había negado a creerme que estaba en la edad para beber. Estaba convencida de que había conseguido una licencia falsa de conducir de Estados Unidos en alguna parte. Después de media hora de argumentos y verificación por otras tres personas, había finalmente acordado a darme mi ron and Coca-Cola. Las adolescentes estaban asombradas. Me contaron que todavía era el único bar en todo el pueblo y que nada había cambiado. ¡Ahora, eso era una temible coincidencia!

El estadunidense se metió mientras comenzaba a contarles a las chicas sobre mi viaje en motocicleta. Él tenía un título en ingeniería aeroespacial y había sido parte de un par exitosas de empresas nuevas. Después de hacer suficiente dinero, había decidido a tomarse un descanso y viajar a través de América Central y del Sur, sobre una motocicleta. ¡Genial! En el último día de mi jornada, había finalmente conocido a alguien que estaba recorriendo con su motocicleta. A lo largo había conocido a alguien que me hacía sentir que no estaba loco. Él había comenzado desde la frontera sur de los Estados Unidos y recorrido a través de América Central hacia Perú. Él estaba planeando bajar hacia la costa oeste hasta el final de la punta sureña. Intercambiamos información de contacto y abordamos el tren. No tuvimos la oportunidad de intercambiar nuestras historias, pero, había aprendido ahora, mis historias sonaban a cuentos de hadas comparadas a sus aventuras.

En el tren, un joven canadiense se colocó en el asiento contiguo al mío. Él había recién terminado el regular Sendero del Inca. Cuando comenzamos a discutir nuestras jornadas, me dijo que había dejado Canadá, después de terminar la Universidad, para visitar Australia. Mientras estaba viajando a través de Australia, había encontrado una pequeña vinería en el Sur de Australia. El dueño le había ofrecido un trabajo, y había decidido permanecer allí por unos pocos años. Ambos eran países pertenecientes a la Commonwealth, así que conseguir permisos de trabajo era bastante fácil, me dijo. Pero era válido solo por pocos años. Él estaba esperando conseguir la residencia permanente para entonces. Cuando eso no sucedió, decidió regresar a su país Canadá. Había ahorrado algo de dinero, y, en su camino de regreso a Canadá, había decidido pasar algún tiempo en Sud América. El practicaba surf, así que planeaba ir a la costa Noroeste del Perú y pasar unas pocas semanas practicando surf mientras regresaba a Canadá.

¿Por qué eligió Australia después de terminar la Universidad? ¿Había ido allí a buscar trabajo? No. ¿Tenía algún título en vitivinicultura? No. ¿Tenía un plan para el futuro? No. ¿Tenía metas o ambiciones en su vida? No. ¿Estaba preocupado? No. Me recordaba una de mis películas favoritas, Forrest Gump. En la última escena de la película, un autobús levanta al hijo de Forrest Gump. Mientras el autobús se aleja, el viento levanta una pluma que descansaba pacíficamente sobre la Madre Tierra. Los remolinos de viento comenzaban a levantarla, cambiando su dirección de vez en cuando, todo el camino desde la Tierra al Cielo.

¿Cómo te beneficia el tener un Plan A cuando invariablemente cambias a un Plan B… ó C, ó D—¿un sentido falso de seguridad? ¿Ambición? ¿Paz mental? Algunas personas ni siquiera necesitan planes.

* * *

Era mi última noche en Cuzco. Todos mis compañeros veteranos de Machu Picchu habían decidido ir juntos por un trago. Compartí unas horas con ellos, escuchando sus historias de viajes y compartiendo algunas de las mías. Al día siguiente, era tiempo de decirle adiós a Perú y comenzar mi larga jornada de regreso a mi hogar. Pasé por la agencia de alquiler de motocicletas para contarle al dueño de mi aventura con la motocicleta. Pero el dueño no estaba allí. Mientras le esperaba, una pareja de estudiantes canadienses entró en la agencia de alquiler. Querían alquilar una motocicleta por un día. Había solo un problema. No hablaban español—¡del todo! Y el asistente del dueño no hablaba una palabra de inglés. Así que yo era el traductor oficial en la oficina. Les dije el tipo de motocicletas que tenía la agencia, cuáles eran los precios por día, cuáles eran las reglas. Y cuando los vi alejarse en una motocicleta, yo tenía una sonrisa amplia in mi rostro.

Después de esperar por media hora por el dueño, me di por vencido y agarré un taxi hacia el aeropuerto. Era tiempo para reflexionar acerca de mi viaje de ruta. Es divertido viajar cuando puedes llegar todo lo que realmente necesitas—un pasaporte, una tarjeta de crédito, unos pocos dólares, y un celular—dentro de una bolsita de Ziploc, y deslizarla dentro de un bolsillo. Excepto por el problema de la motocicleta, no había tenido mayores inconvenientes. Y gracias a los peruanos generosos, el problema había terminado siendo una experiencia memorable. Había ido desde la vieja capital cultural de Sud América hacia la nueva capital cultural y regresado. Había empezado como un bebé, gateando, tratando de pararme sobre mis propios pies. Luego, en mi último día en Cuzco, había servido de interprete para una pareja de canadienses. En el camino, había revivido mi vida entera—una nueva cultura, entusiasmo ansioso, felicidad, alegría, éxtasis, lamento, pérdida, malos cálculos, confianza, exceso de confianza, viejas amistades, nuevas amistades, impotencia, desesperación, contención, soledad, reflexión silenciosa, triunfo, desilusión, compasión, suerte, y por encima de todo, ¡esperanza!

Pero los dioses del vuelo no habían terminado conmigo todavía. Habían estado esperando por un tiempo largo para aniquilar mi recién hallada esperanza. Mi primer vuelo era de Cuzco a Lima. Cuando llegaba a la zona de espera en la compuerta, me dieron la bienvenida con el anuncio de que mi vuelo estaba demorado. Había alguna tormenta o turbulencia en el camino hacia Lima. Tenía una noche de escala en Lima, así que no estaba preocupado sobre demoras, mientras me llevaran a Lima el mismo día. Pronto anunciaron que el avión que debía llevarnos a Lima ya había dejado Lima y estaba en su camino a Cuzco. Había estado demorado debido a las condiciones severas del clima. Eso no sonaba tan mal.

Mientras observaba las vidrieras del negocio duty-free, anunciaron que el vuelo después del nuestro estaba cancelado debido al clima severo. Okay, mi vuelo aún estaba demorado. No cancelado. Para cambiar, el vuelo de alguien más estaba cancelado. Después de una hora más o menos, anunciaron que mi vuelo estaba demorado indefinidamente. Tuve ganas de hacer mi ritual de llamar a mi hermano. Pero estaba en Perú.

Decían que el piloto volando nuestro avión de Lima a Cuzco había dado la vuelta y regresado a Lima debido a las tormentas. Salí del negocio y miré hacia nuestra compuerta. Allí había un pandemonio. El mostrador estaba rodeado de cientos de personas gritando todo tipo de cosas en todos los tipos de idiomas. Mientras caminaba de regreso hacia la compuerta, vi a los desventurados empleados de la aerolínea pegados a los teléfonos, pretendiendo que había alguien en línea. Después de una larga hora de peleas a gritos, los pasajeros finalmente comenzaron a retroceder a sus asientos. Hubo un tiempo en que hubiera sido parte de la multitud enojada. Ahora, era divertido solo sentarme y observar la multitud.

Pasada una hora... dos horas. No hubo nuevos anuncios. Comencé a buscar un restaurante o un bar para matar el tiempo. Todo estaba cerrado. Los oficiales de la aerolínea me dijeron que las facilidades del aeropuerto cerraban alrededor de la partida programada del último avión. ¡Estábamos muy pasados de aquello! No podíamos comprar comida ni un libro para leer. Regresé a mi asiento, clavé mi cabeza en El Lonely Planet, y comencé a leer algunos hechos acerca de Bolivia.

Después de unas pocas horas, finalmente anunciaron que el avión había comenzado su descenso inicial hacia Cuzco. Todos dimos un respiro de alivio. Llevó media hora para el aterrizaje y otra media hora para que los pasajeros desembarcaran. Empezamos a abordar una hora después de aquel anuncio. Quince minutos, veinte minutos, media hora pasaron. Estábamos todos con los cinturones sujetados, esperando por el avión que se moviera. Pero no habían cerrado la puerta todavía. Las azafatas del vuelo estaban todas entrando y saliendo apuradas del avión. No había ni una palabra del capitán. Entonces vino el anuncio. Nos pedían desembarcar. ¿Por qué? Nadie tenía idea. Mientras caminábamos hacia el área de espera, los oficiales de la aerolínea finalmente comenzaron a explicar lo que estaba sucediendo. Habían decidido cambiar de pasajeros. La gente del vuelo cancelado que tenía vuelos de conexión internacional desde Lima estaría volando con nosotros. Aquel anuncio abrió la siguiente vuelta de la pelea a gritos. Después de cinco a seis horas de saludable caos, estábamos finalmente en nuestro camino hacia Lima.

El largo camino de regreso a Estados Unidos no tuvo eventos. Mientras esperaba mi conexión local en Atlanta, fui hacia los baños. Después de pasar cuarenta días en Sud América, me había acostumbrado a no tirar el papel de baño en el inodoro. Tan pronto como entre en el baño, comencé a buscar un tacho de basura. ¡Nosotros los humanos, somos criaturas de hábitos!

Llamé a mi familia y amigos para contarles que había regresado bien a mi casa adoptada. Mientras estaba hablando con mis padres, ellos me contaron del sentimiento de fracaso que habían sentido cuando me alejé sin contarles de mi viaje. Yo solo espero que haya algo positivo en esta historia que les haga sentirse mejor sobre ellos mismos.

DIECINUEVE
REGRESO A LA INOCENCIA

Abordé mi conexión doméstica y empecé a hablarle al hombre de al lado. Era un ingeniero eléctrico en la industria del entretenimiento y la hospitalidad. Me dijo que manejaba la puesta de audio y sistemas de videos en eventos públicos y conciertos. La compañía estaba basada en Miami. Por la duración entera del vuelo, continué haciéndole todo tipo de preguntas, y permaneció contestando todas ellas. Cuando bajé del avión, me di cuenta de que él no me había preguntado nada acerca de mi vida. No pude más que pensar acerca de aquellos extraños peruanos que me rodearon mientras estaban arreglando mi motocicleta. ¡Bienvenido a Estados Unidos de América!

Ella es salvajemente individualista. Ella está llena del espíritu emprendedor. Ella es la tierra de la auto-expresión. Ella me dio los principios democráticos y la ilusión de los mercados libres del mundo. Ella está llena de contradicciones. Ella cree, de alguna necia manera, en la coexistencia pacífica del capitalismo y el patriotismo. Ella gasta millones de dólares en terapistas y clínicas de rehabilitación, pero no sabe quiénes son los vecinos de la puerta de alado. Ella gasta millones de dólares del dinero de los pagadores de impuestos cada década de por medio rescatando economistas y hombres de negocios, pero odia la idea de gastar los dólares de impuestos en garantizar el cuidado decente de la salud de todos. Ella tiene los mejores cerebros e instrumentos para el cuidado de la salud a su disposición, pero también tiene el porcentaje más bajo de gente entre las naciones industrializadas que tienen accesos a ellos. Su diversidad geográfica se compara solo a la monotonía de las cadenas de restaurantes, negocios, y hoteles. Ella se ha de algún modo manejado para equilibrar sus desventuras en otros países con los ejercicios exitosos de edifican la nación. Ella tiene el discutible mejor sistema educacional del mundo y el camino más fácil para llegar a finales del mes. Desafortunadamente, una vasta mayoría de su gente termina eligiendo lo segundo. Ella nos ha dado el partido político que cree en los mercados económicos libres, pero intenta imponer sus ideas religiosas a otros. Ella es una olla donde se funden las culturas como en ninguna otra parte. Pero, para mejor o peor, ella es igualmente robótica cuando se trata de la cultura del trabajo.

El resto del mundo ama pintarla como un país de tontos ignorantes. Pero el nivel de ignorancia en este país no es más alto que en cualquier otro país del mundo. Desafortunadamente, es el único súper poder del mundo. Es el único país que tiene el poder de modelar y re-modelar el mundo. Y lo usa libremente. Eso sitúa a la gente de América en una posición de mayor responsabilidad. Si ellos están directamente afectando las vidas de la gente en otros países, creo que es su responsabilidad moral de educarse a sí mismos acerca de aquellos países. Parece que los políticos no quieren que eso suceda. Debilitaría su capacidad de manipular la opinión pública acerca las relaciones exteriores.

Ella cuenta con apenas doscientos años de existencia, y solo cincuenta años de dominio mundial, pero la gente tiene las agallas de inventar términos como la civilización estadunidense. ¿Qué hay de la civilización de aquellas cenizas sobre las que esta civilización se construyó? Ellos ni siquiera hablan de las civilizaciones destruidas. Si, ella es excepcional. La democracia moderna de los Estados Unidos no fue establecida para preservar alguna religión o identidad cultural. Tampoco fue un accidente histórico. Más bien, se basó en la idea de que todos los hombres son creados iguales. Pero ella arriesga el excepcionalísimo de su civilización, que es la locura de toda civilización en la historia de la humanidad. Ella con una sola mano bajó el Gran Hermano comunismo, donde el poder era la última arma de corrupción. Pero no parece darse cuenta de que el dinero es tan letal como arma de corrupción como el poder lo es.

Por encima y más allá de todas las naciones, sociedades y culturas, el ego parece ser el Gran Papi en la vida del hombre. Opera a través de sus chiflados, o Gran Hermanos—dinero y poder. Los Gran Hermanos en los Estados Unidos parecen ser suficientemente inteligentes. Hasta ahora, ellos se las arreglaron para hacer creer a los estadunidenses que están a cargo de sus vidas. La codicia y la ambición son buenas. La moderación y la humildad son los perdedores. Pero cuando los mellizos Gran Hermanos del dinero y el poder están controlando nuestras vidas, es duro mirar el pasado y enfrentarse cara a cara con el Gran Papi del ego. Romper los grilletes del Gran Papi parece ser el único camino para la dicha eterna, así que—levanta tu mochila y anda—¡vete a alguna parte!

A pesar de todo, es un país hermoso. Su libertad e inmensa diversidad les da a todos la oportunidad para la auto-exploración y la auto-expresión. En su búsqueda por llegar a ser la autoridad moral del mundo, ella ha de algún modo terminado por enseñar a sus ciudadanos a no ser prejuiciosos. Eso es, en mi mente, su más grande logro.

* * *

Después de veinticuatro horas de drama, mi jornada había finalmente arribado a su fin. Me subí a mi auto y comencé a conducir de regreso a casa. Después de un largo tiempo, estaba de nuevo manejando algo con soporte en la espalda, aire acondicionado, y ¡cinturón de seguridad! Era un sentimiento maravilloso. Mientras esperaba en el tráfico sobre una de las rampas de salida, empecé a escanear a través de los canales de radio y sintonicé un canal de hip-hop. Snoop Dogg estaba rapeando. Era un sentimiento extraño de felicidad tener un canal de hip-hop en mi radio. Era lindo regresar a mi vida estadunidense. ¡Nosotros los humanos, somos criaturas de hábitos!

Después de cuarenta largos días, había dejado la tierra donde cada restaurante, negocio, y hotel pasaba siempre canciones melódicas de amor en español. Esta era la nación del hip-hop:

"Seré gentil
Sentimental
Jodiendo en un Lincoln Continental
De alquiler."

¡Exprésate! ¡Empújate hacia los extremos, y explórate a ti mismo! ¡No tengas miedo de redefinirte!